基于大数据的人力资源管理理论与实践研究

缪学刚 著

群言出版社
QUNYAN PRESS

·北京·

图书在版编目（CIP）数据

基于大数据的人力资源管理理论与实践研究 / 缪学
刚著 . -- 北京 : 群言出版社，2024. 6. -- ISBN 978-7-
5193-0958-9

Ⅰ . F243-39

中国国家版本馆 CIP 数据核字第 2024BH2880 号

责任编辑：宋盈锡
封面设计：知更壹点

出版发行：群言出版社
地　　址：北京市东城区东厂胡同北巷1号（100006）
网　　址：www.qypublish.com（官网书城）
电子信箱：qunyancbs@126.com
联系电话：010-65267783　65263836
法律顾问：北京法政安邦律师事务所
经　　销：全国新华书店

印　　刷：河北赛文印刷有限公司
版　　次：2025年1月第1版
印　　次：2025年1月第1次印刷
开　　本：710mm×1000mm　1/16
印　　张：6.75
字　　数：135千字
书　　号：ISBN 978-7-5193-0958-9
定　　价：30.00元

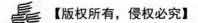

作者简介

　　缪学刚，1972 年 6 月出生，男，汉族，河南信阳人，毕业于中国石油大学（华东）管理学专业，工程硕士学位，研究生学历。现任职于中石化中原石油工程有限公司党委组织部（人力资源部），高级经济师，主要从事人力资源管理、员工培训开发、薪酬福利激励等工作。

前　　言

人力资源管理是一门已具有成熟理论体系的科学。同时，由于具有应用性和实操性强的特点，它也是一门技术。如何既学好人力资源管理理论，又做好实践工作，是广大人力资源从业者遇到的主要困难。随着大数据时代到来，人们越来越重视数据的价值和数据分析的作用。基于大数据的人力资源管理是基于循证人力资源管理的理念，用数据或大数据分析结果来证明人力资源管理实践对于企业成功的贡献与价值。因此，做好基于大数据的人力资源管理工作，一方面要熟悉传统人力资源管理职能业务的内容；另一方面要掌握数据分析和数据挖掘的技术与方法，将大数据的分析技术应用于人力资源管理实践，帮助管理者进行科学决策。

全书共七章。第一章大数据概述，主要阐述了大数据的出现、大数据的特征、大数据的发展战略等内容；第二章人力资源管理的基本理论，主要阐述了人力资源管理的基本原理、人力资源管理的组织架构、人力资源管理的基本功能、人力资源管理的发展趋势等内容；第三章大数据与人力资源管理的关系，主要阐述了人力资源管理的新形势、基于大数据的人力资源管理、大数据在人力资源管理中的作用等内容；第四章基于大数据的人力资源规划实践，主要研究了人力资源规划概述、人力资源规划的问题、基于大数据的人力资源规划策略等内容；第五章基于大数据的人力资源招聘实践，主要介绍了人力资源招聘概述、人力资源招聘的问题、大数据在人力资源招聘中的应用等内容；第六章基于大数据的人力资源考核实践，主要介绍了人力资源考核概述、人力资源考核的问题、基于大数据的人力资源考核策略等内容；第七章基于大数据的人力资源培训实践，主要研究了人力资源培训概述、人力资源培训的问题、基于大数据的人力资源培训策略等内容。

在撰写本书的过程中，笔者借鉴了国内外很多相关的研究成果，在此对相关学者、专家表示诚挚的感谢。

由于本人水平有限，书中有些内容还有待进一步深入研究和论证，在此恳切地希望各位同行专家和读者朋友予以斧正。

目　　录

第一章 大数据概述

近年来，随着互联网技术的发展及移动互联网、物联网等技术的广泛应用，人、机、物三元世界进入深度融合时代，网络信息空间反映了人类社会与物理世界的复杂联系，其数据与人类活动密切相关，其规模以指数级增长，且呈高度复杂化趋势。换句话说，人类进入了一个数据爆炸的时代。本章围绕大数据的出现、大数据的特征、大数据的发展战略等内容展开叙述。

第一节 大数据的出现

一、大数据的产生与发展

（一）大数据产生的背景

早在远古时代人类就已经在石头、树木上记载相应的数据了，再到后来，人类用竹简、布帛等材料记载和传输数据，彼时，数据的记录和传播都是非常有限的；到后来纸张出现，印刷术的发明，数据的记录和传播有了长足的进步，但是那时的数据量仍旧相当小，传播速度也较为缓慢，传播范围相对狭窄，人类对数据的分析和使用十分有限；计算机和磁盘等存储介质出现后，人类记录数据和分析数据的能力有了质的飞跃；随着云计算、物联网等技术的兴起，数据以前所未有的速度在不断地增长和积累，至此，人类进入所谓的大数据时代。

随着大数据浪潮汹涌来袭，其旋涡般的效应也催动着整个社会的转变。这是一场绝不仅限于信息技术范畴的变革，可以为推进透明政府建设、促进企业创新、引领社会变革提供强有力的支持。当前，"大数据"也为各行各业带来了机遇。

数据正逐渐成为企业最重要的资产之一。随着数字化时代的到来，大量的数据不断生成和积累，这些数据蕴含着巨大的价值。越来越多的政府单位、企业等机构意识到，通过充分利用和分析这些数据，可以寻找隐藏在数据中的机会，进而做出更明智的决策，提高效率和竞争力。大数据时代对政府管理转型而言是一个历史机遇，对企业而言，海量数据的运用将成为未来竞争和增长的基础。同时，大数据已引起学术界的广泛兴趣。

（二）大数据的发展历程

大数据的发展历程可分为以下三个阶段。

1. 萌芽时期（1990—1999 年）

1997 年，美国国家航空航天局艾姆斯研究中心的大卫·埃尔斯沃思（David Ellsworth）和迈克尔·考克斯（Michael Cox）在他们研究数据可视化时首次使用了"大数据"这一概念。1998 年，《科学》（Science）杂志发表了一篇题为《大数据科学的可视化》的文章，这是"大数据"正式作为一个专业名词出现在期刊上。

在这一阶段，大数据只作为一个概念或假设，少数学者对其进行了研究和讨论，其意义仅限于表示数据量的巨大，对数据的收集、处理和存储没有进一步的探索。

2. 发展时期（2000—2010 年）

在 21 世纪初，互联网领域经历了迅猛的发展。2001 年，美国高德纳公司（Gartner）第一个开发出大型数据模型。大数据的"3V"特性是由行业分析师道格·莱尼（Douglas Laney）在同一年提出的[①]。2005 年，Hadoop 技术迅速兴起，被广泛用于数据分析领域。在 2007 年，数据密集型科学的兴起不仅为科学界带来了新的研究范式，同时也为大数据的发展提供了一定的科学基础。在 2008 年，《科学》杂志发行了一系列专门探讨大数据问题的专刊，详细地探讨了各种大数据议题。2010 年，美国信息技术顾问委员会发布了一份名为《规划数字化未来》的报告，详细阐述了政府在数据收集和利用方面的举措。在此阶段，"大数据"作为一个新名词引起了学术界的关注，随着其概念和特征的进一步丰富，相关数据处理技术不断涌现，大数据开始呈现出蓬勃发展的态势。

---

① 陈颖. 大数据发展历程综述［J］. 当代经济，2015（08）：13-15.

3. 兴盛时期（2011 年至今）

大数据的发展在 2011 年之后进入了全面兴盛时期。2011 年，美国国际商业机器公司（IBM）开发了沃森超级计算机，在数据处理方面打破了世界纪录，引领大数据计算迈向新高度。随后，美国材料基因组计划（MGI）发布了大数据前沿报告，介绍了大数据在各个领域的应用。同时，2012 年的世界经济论坛（WEF）讨论了大数据相关问题，并发布了题为《大数据，大影响》的报告，正式宣布了大数据时代的到来。

自 2011 年以来，大数据的研究开始从基本概念和特征转向数据资产和思维变革等多个角度。大数据逐渐渗透到各行各业中，呈现出蓬勃发展的势头。

2011 年 6 月，麦肯锡咨询公司（McKinsey & Company）发布了《大数据：下一个创新、竞争和生产力的前沿领域》研究报告。报告指出，数据已成为重要的生产因素，渗透到各行各业的每一个领域和业务职能。挖掘和应用海量数据预示着新一波生产率增长和消费者盈余的潮流，大数据时代已经到来。

2012 年 3 月 22 日，美国政府宣布投资 2 亿美元启动大数据研究和发展倡议，致力于提高从大型复杂数据中提取信息和知识的能力，并服务于能源、健康、金融和信息技术等高科技领域。

2012 年 4 月，英国、美国、德国、芬兰和澳大利亚的研究者联合推出了"大数据活动周"活动，旨在促使政府制定战略性的大数据措施。

2012 年 5 月，联合国发布了白皮书——《大数据促发展：挑战与机遇》，并指出大数据对于联合国及各国政府来说是一个历史机遇，人们可以利用丰富的数据资源实时分析社会经济状况，帮助政府更好地推动社会和经济运行。

2012 年 7 月，为挖掘大数据的价值，阿里巴巴集团在管理层设立"首席数据官"一职负责全面推进"数据分享平台"战略，并推出大型数据分享平台——"聚石塔"，为天猫、淘宝平台上的电商及电商服务商等提供数据云服务。

2012 年 12 月，"大数据之父"维克托·迈尔·舍恩伯格（Viktor Mayer-Schönberger）的《大数据时代》开始在国内风靡，推动了国内大数据的发展。

2013 年被称为大数据元年。百度、阿里巴巴、腾讯各显身手，分别推出创新型大数据应用。同年 12 月，中国计算机学会发布《中国大数据技术与产业发展白皮书》，对大数据的核心科学与技术问题进行了系统总结，推动了我国大数据学科的建设与发展，并为政府部门提供了战略性意见与建议。

2014 年 4 月，世界经济论坛发布了《全球信息技术报告（第 13 版）》，探讨大数据的回报与风险。该报告指出，在未来几年的发展中，信息通信技术政策将十分重要，特别是涉及数据保密和网络管制等方面的政策。近年来，全球大数据产业的活跃度不断增加，技术演进和应用创新皆呈现加速发展趋势，使各国政府认识到大数据在经济发展、公共服务改善、人民福祉增进和国家安全保障方面具有重要意义。

2015 年 8 月，国务院发布了《促进大数据发展行动纲要》，该文件的发布为全面推进中国的大数据发展和应用、加快建设数据强国的整体战略提供了行动指导。

2016 年，工业和信息化部透露，中国将制定并实施大数据产业"十三五"发展规划，旨在推进大数据技术创新和产业发展。这说明了中国政府对大数据发展的重视，并希望通过制定具体规划来推动大数据产业的发展。

2017 年，工业和信息化部发布了大数据产业"十三五"发展规划，为大数据发展指明了方向。同年 5 月，通过评审的《政府数据共享开发（贵阳）总体解决方案》成为中国首个总体解决方案，也标志着中国政府开始关注地方政府数据的开放共享。这体现了中国政府在推动政府数据开放和共享方面的努力，希望通过数据共享来推动社会发展和创新。

2018 年，国家发展和改革委员会在 1 月宣布了关于政务信息系统整合共享工作的最新进展，已有 71 个部门和 31 个地方实现了国家共享交换平台的对接。

2019 年 5 月发布的《2018 全球大数据发展分析报告》显示，中国在大数据技术创新能力方面取得了显著进展。同年 9 月，根据《2019 中国大数据产业发展白皮书》，2018 年中国大数据产业规模达到 4 384.5 亿元。这显示了中国大数据产业的发展潜力和市场规模。

2020 年，国家部委出台了相关的大数据行业应用政策，推动大数据技术在金融、政务、电信、物流等行业的应用。这些政策的出台将进一步加强大数据技术在各个行业中的应用，促进相关行业的创新和发展。

同样，中国大力发展数字经济和推进数字中国建设的举措也将对大数据产业的发展起到积极的推动作用。数字经济的发展需要大量的数据支持和大数据技术的应用，因此中国大数据产业在数字经济发展的过程中将扮演重要角色。

2021 年，中国大数据产业发展喜人，在政策红利和数字经济加速发展的双重驱动下，大数据将迎来前所未有的发展机遇，进一步激活数字技术引擎，聚集强化数字经济新动能，有力促进生产和生活方式的变革及效率的提升。

2023 年 1 月，中国信息通信研究院云计算与大数据研究所发布的《大数据白皮书（2022 年）》显示，我国大数据产业规模正在高速增长，2021 年达到 1.3 万亿元。

二、大数据定义、思维、商业价值与影响分析

（一）大数据的定义

大数据通常指的是由数量庞大、结构复杂、类型多样的数据组成的数据集合。这些数据量大到超出了常规软件和传统数据处理方法的能力范围，因此需要利用专门的工具和技术来获取、管理这些数据，以提取有价值的信息，为政府机构和企业的管理决策提供参考。

有关大数据的定义有多种，其中一个狭义的定义：大数据是指不能装载进计算机内存的数据。尽管这是一个非正式的定义，但易于理解，因为每台计算机都有一个大到不能装载进内存的数据集。一般意义上，大数据是指无法在可容忍的时间内用传统 IT 技术（信息技术）和软硬件工具对其进行感知、获取、管理、处理和服务的数据集合。

此外，不少文献也对大数据进行了定义，以下重点介绍其中三种。

1. 属性定义

互联网数据中心（IDC）作为大数据研究的先驱之一，在 2011 年的报告中首次定义了大数据的概念。根据 IDC 的定义，大数据是一种新时代的技术和体系，旨在通过高速捕获、发现和分析技术从大规模多样化的数据中提取数据的价值[1]。这个定义明确了大数据的四个显著特点，即容量（volume）、多样性（variety）、速度（velocity）和价值（value），这些描述了大数据的特征：规模庞大、数据类型多样、处理速度快和价值可观。

IDC 并不是唯一提出这种定义的机构。早在 2001 年，IT 分析公司 META 集团（现已被 Gartner 并购）的分析师道格·兰尼在他的研究报告中就注意到数据的增长是三维的，即容量、多样性和速度的增长，而这也类似于"4Vs"中的容量、多样性和速度。尽管"3Vs"的定义没有完整地描述大数据的概念，但 Gartner、IBM、微软等产业界巨头的研究者仍继续使用"3Vs"来描述大数据。

---

[1] 周茂袁. 大数据时代统计学专业教学改革的初步探索［J］. 教育教学论坛，2015（35）：105-106.

2. 比较定义

麦肯锡（McKinsey）公司在 2011 年的研究报告中给出一种定义，将大数据定义为"超过了典型数据库软件工具的捕获、存储、管理和分析数据能力的数据集"。这个定义将大数据视为超出传统数据库处理能力的数据集，强调了大数据的规模和复杂性。

这个定义可被视为一种主观的定义，因为它没有明确定义大数据的度量标准或具体的技术要求。但它从时间和跨领域的角度提供了一种演化的观点，即随着技术的发展和数据应用的不断扩展。我们对于什么样的数据集可以被定义为大数据也在不断演变。

3. 体系定义

美国国家标准和技术研究院（NIST）将大数据定义为数据的容量、数据的获取速度或者数据的表示形式限制了使用传统关系方法对数据进行分析和处理的能力，因此需要使用水平扩展的机制来提高处理效率。这一定义强调了传统方法在处理大数据时的限制，以及需要采用新的技术和机制来应对大数据的挑战。

综上所述，对大数据的定义，产业界和学术界并没有达成共识。尽管产业界和学术界对于大数据的具体定义存在差异，但两者都认为大数据的概念涉及数据量的大小，都认同大数据的重要性和潜在价值，并都在相应领域进行了广泛的研究。

（二）大数据的思维

1. 全数据思维

以前受计算机存储能力和运算能力的限制，分析全部数据是一个很大的挑战，因此传统的统计学采用随机抽样的方法，尽可能从小部分数据中获取有价值的信息。虽然这种方法在"小数据"时代有其价值，但再精准地抽样也还是和全数据有差异。互联网科技的发展使得对全部海量数据进行存储、挖掘与分析成为可能，在很大程度上避免了"样本采集"所带来的不确定性，开创了一条更为稳定可靠、精准有效的路径。思维转换到"着眼于整体"的全数据模式，这种"样本＝总体"的分析方法有效避免了以偏概全的不足，可以在掌握尽可能多的数据基础上考查细节（事实上很多有价值的信息恰恰隐藏在细节中），并且可以结合实时数据进行未来趋势预测，挖掘数据的全部潜力。例如，通过全数据分析，从奶牛身上的几万种基因中找到与产奶量相关的主效基因，用来培育高产奶牛；通过大数据预测机票价格的网站 Farecast，着眼于用户购买机票的全部数据，对机票价格进行预测，从而达到更高的准确率。

除了用全样本代替随机抽样，还可以从另一个角度理解全数据思维，即不同种类的数据帮助企业更全面地理解顾客。例如，在研究消费者行为时，不仅要纳入顾客的消费行为数据（如搜索、浏览、下单、支付），还要同时考虑其基本信息数据（如性别、收入、受教育程度），社交数据（如发帖、点赞、转发、评论），顾客态度数据（如满意度、忠诚度、偏好），以及其他相关数据（如商品数据、环境数据）等。

2. 相关思维

在大数据时代，随着存储和计算能力不断提高，能够被数据化的东西越来越多，人们利用大数据技术探知事物之间的相关关系变得容易许多。通过数据挖掘出的相关关系可以展示很多以前人们不曾注意到的联系，为我们提供了了解世界的另一个视角。现在人们利用大数据技术可以更容易、更快捷地分析事物之间的联系，如成千上万的网站都在推荐产品、内容和朋友，通过相关关系可发现商品间此消彼长的关系，简单的关联销售就可以提高销率。

相关性可以帮助企业捕捉现在和预测未来，建立在相关关系分析基础上的预测是大数据的核心。从现存的海量数据中寻找出一定的相关性，从而预测消费者的偏好和行为。例如，现代物流行业根据消费者的购买行为、购物习惯及购物评价等数据预测其下次可能的购买行为，结合配送路线将其有可能购买的货物就近分仓存储，消费者网上下单后第一时间配送到位，这就极大缩短了配送时间，提升了用户体验。企业通过分析这些表面上看似无关联的数据，利用相关性进行消费者行为预测，优化了物流运营，提升了管理效率。

3. 容错思维

对小数据而言，最基本的要求就是减少错误，保证质量。因为收集的信息量比较少，微小的错误可能就会被放大，甚至可能影响整个结果的准确性。在大数据时代，高质量数据仍然至关重要，但同时要接受大数据带来的"噪声"——数据量显著增大可能导致的不准确数据的输入，大量非结构化、异构化数据在处理分析过程中数据值缺失，不相关数据及关系等问题，而不是以消除所有不确定性为目标。这就是大数据时代的另一种思维——容错思维。

随着大数据时代的到来，思维方式也需要适应变化。在过去，由于数据量有限，我们注重的是精确性和准确性，因为一个错误就可能导致严重的后果。然而，在大数据时代，数据量巨大且多样化。因此，容错思维变得更为重要。它意味着在处理和分析海量数据时，我们要允许一定程度的错误。这并不意味着我们可以漫不经心地对待数据质量，而是要意识到数据中可能存在的不完整性、误差性等，并采取适当的处理和分析方法。

容错思维的好处在于，它可以帮助我们在宏观层面获得更好的洞察。通过忽略微观层面上的精确性，关注整体趋势和模式，洞察隐藏在大数据背后有价值的信息。容错思维也提醒我们要持续不断地验证和调整分析结果，以免陷入一种错误的"绝对真理"，而是持续从数据中学习和改进。

然而，需要注意的是，在容错思维逻辑下，仍然需要关注数据的质量、准确性和可靠性，避免因为数据质量低下而导致错误的决策和结论。因此，在进行数据分析时，应该综合考虑数据精确性和误差的影响，并采取适当的数据处理和分析技术，以确保从大数据中获得有意义和可靠的洞察。例如，通过机器学习对用户评论信息进行挖掘以建模预测顾客的品牌忠诚度，对算法不断优化可努力提高精度，但仍无法确保预测出的用户忠诚度和忠诚行为完全符合实际。

（三）大数据的商业价值

大数据的重要性并不在于"大"，而在于"有用"。数据本身不懂购物、社交和场景，其意义在于解决商业问题，即需要基于业务问题，通过强大的机器算法从海量数据中快速提取商业信息。大数据在商业领域的应用价值主要体现在以下几个方面。

1. 企业决策

大数据时代，一切以数据说话，基于数据分析进行决策。例如，风险投资商根据大数据来制订企业的投资计划，可知哪个项目的回报更高，从而选择优质项目，放弃无潜力项目，降低投资风险。再如，阿里巴巴拥有淘宝卖家交易记录，通过分析全部交易数据，对于信用较好的卖家提供无抵押贷款业务。

2. 个性化精准营销

随着市场竞争的加剧，加强个性化服务逐渐成为企业生存和发展的关键，大数据与各行各业的精准营销场景相结合，将最符合顾客需求的产品、服务、信息传递给消费者，是大数据在互联网和新媒体营销领域最主要的应用。以往针对客户的营销活动一般选择浏览量大、知名度高的网站广泛进行广告投放，而如今电商企业可以利用大数据技术进行用户画像、细分、定位、行为及偏好分析，从而有针对性地通过不同渠道向不同群体投放不同的广告。精准营销大大降低了营销成本，提高了成功率。

3. 优化产品组合

优化产品组合，是指通过销售多种相关服务或产品的方式满足顾客潜在需求。通过大数据技术分析顾客的日常生活及消费习惯，企业可以有针对性地开展送赠品等多种产品组合形式的营销活动，刺激用户的潜在消费需求，增加销量。

4. 客户关系管理

良好的客户资源是企业得以发展的动力和源泉。客户关系管理是指企业通过各种技术，存储、共享以充分利用客户信息，了解其对产品的使用状况与感受，优化业务流程，建立和维持良好的客户关系，最终目的是吸引新客户、留住老客户。

（四）大数据的影响分析

1. 大数据对科学研究的影响

图灵奖获得者、著名数据库专家吉姆·格雷（Jim Gray）博士观察并总结认为，人类自古以来在科学研究上先后历经了实验、理论、计算和数据四种范式。

在最初的科学研究阶段，人类采用实验来解决一些科学问题，著名的比萨斜塔实验就是一个典型实例。1590 年，伽利略在比萨斜塔上做了"两个铁球同时落地"的实验，得出了重量不同的两个铁球同时落地的结论，从而推翻了亚里士多德"物体下落速度和重量成正比"的学说，纠正了持续了 1900 多年的错误理论。

实验科学的研究通常会受到当时实验条件的限制，难以完成对自然现象更精确的理解。随着科学的进步，人类开始采用各种数学、几何、物理等理论，构建问题模型和解决方案。例如，牛顿第一定律、牛顿第二定律、牛顿第三定律构成了牛顿力学的完整体系，奠定了经典力学的概念基础，它的广泛传播和运用在很大程度上影响了人们的生活，推动了人类社会的发展与进步。

随着 1946 年人类历史上第一台电子计算机 ENIAC 的诞生，科学研究也进入了一个以"计算"为中心的全新时期。在实际应用中，计算科学主要用于对各个科学问题进行计算机模拟和其他形式的计算。通过设计算法并编写相应程序输入计算机运行，人类可以借助计算机的高速运算能力去解决各种问题。计算机具有存储容量大、运算速度快、精度高、可重复执行等特点，是科学研究的利器，推动了人类社会的飞速发展。

随着数据的不断累积，其宝贵价值日益得到体现，物联网和云计算的出现，更是促成了事物发展从量变到质变的转变，使人类社会开启了全新的大数据时代。当下，计算机不仅能做模拟仿真，还能进行分析总结。在大数据环境下，一切以数据为中心，从数据中发现问题、解决问题，真正体现数据的价值。大数据也将成为科学工作者的宝藏，从数据中可以挖掘未知模式等有价值的信息，服务于生产和生活，推动科技创新和社会进步。

2. 大数据对思维方式的影响

大数据对思维方式产生的深远影响，可以总结为以下几个方面。

一是数据驱动思维。大数据的存在和应用促使人们以数据为基础进行思考和决策。传统的经验和直觉往往会受到数据的验证，数据成了思考和决策的重要依据。

二是观念的转变。大数据时代，人们逐渐意识到数据潜藏着宝贵的信息。传统思维习惯以小样本或个案为依据进行判断，而大数据带来了以大量数据为基础的分析和决策，使人们更加注重全局和趋势。

三是数据解读能力。面对大量数据，人们需要具备解读和分析数据的能力。这要求人们具备数据分析、统计学、机器学习等方面的知识和技能，能够从杂乱的数据中提取有价值的信息。

四是跨学科思维。大数据的分析和应用往往需要跨学科合作和思维。数据科学领域涉及计算机科学、统计学、数学、物理学、社会科学等多个领域的知识。人们需要拥有跨学科的思维能力，将不同学科的思维结合起来，从而更好地理解和应用数据。

五是创新思维。大数据的出现为创新提供了更多机会。通过对大数据的分析和挖掘，人们能够发现新问题、新关联和新机会。大数据让人们能够更好地思考以推动创新，推动社会进步和经济发展。

总的来说，大数据对思维方式的影响主要表现在数据驱动思维、观念的转变、数据解读能力、跨学科思维及创新思维。

3. 大数据对教育教学的影响

首先，大数据背景下，"大数据思维"教育出现，打开了教育理论研究的新思路，更新了传统教育观念和教育思维方式。应用大数据思维于教育领域，需要树立一种新观念，即教育数据越多越好，公开的教育数据处理得当，也能为解决复杂的教育问题提供答案，消除各方之间无根据的猜测，并避免许多凭个人经验和理论做出的教育决策。

大数据的复杂性满足了人们对个性化学习的需求，转变了传统的教学方式。例如，引入翻转课堂、数字校园的普及、数据实证教育的出现及云课堂的设想等。在信息无处不能获取、知识仅需一搜即能得到的大数据时代，课堂教学不仅需要传达基础知识，还需要注重培养学生的思维技能、信息筛选和整合能力、知识分辨和应用能力等核心能力。当下，大数据思维已经成为教育界一道亮丽的风景线，挑战传统教育模式的同时也在打开未来教育的大门。

其次，需要转变教育观念、深化教育改革，以满足新学科和新人才的需求，重点是建立以学生为中心的教学体系。随着大数据的发展，传统教学模式面临全新的挑战，同时也会涌现出一批新学科、新人才、新教学方法和工具。在教育改革过程中，最大的问题不再是教育资源匮乏，而是一些教师在坚持错误理念。因此，对于教师而言，最关键的就是改变教育理念。通过大数据，将生活和学习等方面的信息量化，实现以前无法想象的维度，使包括思想、情感在内的量化研究成为可能。大数据时代，除了专业知识，教师和学生的数据分析能力也至关重要。随着学习分析技术的不断发展，个性化、动态化的教学服务将变得越来越重要。此外，教学模式变得更加多样化，通过信息化技术的运用，教育过程也变得更加多元化。同时，师生测评和考核也朝着数据化和实效化的方向发展，这都有助于推动教育界的思想观念转变。

第二节　大数据的特征

一、处理速度快

"快"是大数据的显著特征之一，由于需要实时分析数据，只有快速处理才能满足实时性需求。目前，对数据智能化和实时性的要求越来越高，如开车时会通过查看智能导航仪查询最短路线，吃饭前会了解其他用户对将要就餐餐厅的评价，见到可口的食物会拍照、发微博等，这些人与人、人与机器之间的信息交流互动都不可避免地带来数据交换。数据交换的关键是降低延迟，以近乎实时的方式呈献给用户。

二、数据量大

自人类进入信息社会以后，数据以自然方式增长，其产生不以人的意志为转移。随着全球数据量的暴增，今后的数据量增长速度将更快，人类生活在一个"数据爆炸"的时代。如今，世界上只有 25% 的设备是联网的，但是在联网设备中大约 80% 是计算机和手机，而在不远的将来，将有更多的用户成为网民。随着物联网的普及与推广，各类交通工具、生产工具也会接入联网，这些联网机器将布满人们工作及生活的各个方面，产生大量的数据。

总而言之，人类社会正经历第二次"数据爆炸"（如果把印刷在纸上的文字和图形也看成数据的话，那么人类历史上第一次"数据爆炸"发生在造纸术和印刷术普及后）。依据 IDC 发布的《数据时代 2025》报告，随着 5G、物联网的发展，2020 年全球数据量为 60 ZB。根据 IDC 做出的估测，人类社会产生的数据一直都在以每年 50% 的速度增长，预计到 2025 年，全球将总共拥有 175 ZB 的数据量。

三、数据类型多

大数据类型繁多，主要包括结构化、半结构化和非结构化数据，其中非结构化数据逐渐成为数据的主要使用类型。

（一）结构化数据

简单来说，结构化数据就是指数据库，或者称为行数据，它是由二维表结构来逻辑表达和实现的数据，严格遵循数据格式和长度规范，并通过关系型数据库进行存储和管理。结构化数据标记是一种方式，能让网站以更好的姿态展示在搜索结果当中，支持所有搜索引擎。

结构化数据能够通过固有键值来获取相应信息，并且数据的格式相对固定，如 RDBMS 数据。最常见的就是具有模式的数据，结构化就是模式。大多数技术应用基于结构化数据。

（二）半结构化数据

相对于普通的纯文本数据，半结构化数据拥有一些结构性，但与采用严格理论模型的关系型数据库相比，半结构化数据更具有灵活性。这是一种适用于集成多个数据库中的数据模型，具体来说，是适用于描述包含两个或两个以上的多数据库中的数据。它是一种标记服务的基础模型，用于在 Web 上共享信息。半结构化数据模型的主要特点是灵活性。这种灵活性可能使查询处理更加困难，但也具有显著的优势。例如，可以在半结构化数据模型中维护一个电影数据库，并且能如用户所愿地添加类似"我喜欢看此部电影吗？"这样的新属性，这些属性甚至不需要所有电影都有。

我们应该了解数据的细节，不能简单地将数据组织成一个文件并按照非结构化数据的方式处理。另外，由于数据的结构变化很大，我们也不能简单地创建一张表来与它对应。半结构化数据具有灵活可变的键值，并且数据的格式不受限制，例如，JSON 格式，同一键值下可能包含数值、文本、字典或列表等不同类型的信息，因而可以通过灵活的键值调整来获取相关信息。

比较特别的是，半结构化数据是"无模式"的。更准确地说，该类数据是自描述的。它携带了关于其模式的信息，并且这样的模式可以随时间在单一数据库内任意改变。相较于结构化数据，半结构化数据的构成更为复杂和不确定，从而也具有更高的灵活性，能够适应更为广泛的应用需求。其实，用半模式化的视角看待数据是非常合理的。没有模式的限定，数据可以自由流入系统，还可以自由更新，这更便于客观描述事物。

在使用时，模式才应该起作用，使用者想获取数据就应当构建需要的模式来检索数据。由于不同的使用者构建不同的模式，数据的利用将最大化。这才是最自然地使用数据的方式。

（三）非结构化数据

非结构化数据不适合由数据库二维表来表现，它包含办公文档、XML、HTML、各类报表、图片和音频、视频信息等格式。支持非结构化数据的数据库采用多值字段和变长字段机制进行数据项的创建和管理，广泛应用于全文检索和各种多媒体信息处理领域。

非结构化数据无法通过键值获取相应信息。随着"互联网＋"战略的实行，非结构化数据的规模不断扩大。据相关预测，未来所有数据中，非结构化数据的比重有望超过 70%。经过多年的演进和发展，结构化数据分析挖掘技术已经形成了相对成熟的技术框架。相比之下，非结构化数据则没有固定的结构形式，具有更大的表示灵活性，并且蕴含着丰富的信息资源。总之，在大数据分析挖掘方面，精通非结构化数据处理技术具有非常重要的意义。

非结构化数据处理的挑战性问题在于语言表达的灵活性和多样性，数据处理技术包括：① Web 页面信息内容提取；②结构化处理（含文本的词汇切分、词性分析、歧义处理等）；③语义处理（含实体提取、词汇相关度、句子相关度、篇章相关度、句法分析等）；④文本建模（含向量空间模型、主题模型等）；⑤隐私保护（含社交网络的连接型数据处理、位置轨迹型数据处理等）。

这些技术涉及面较广，在情感分类、客户语音挖掘、法律文书分析等许多领域都有广泛的应用价值。

如此类型繁多的异构数据，对数据处理和分析技术提出了新挑战，也带来了新机遇。传统数据主要存储在关系型数据库中，而在类似 Web 2.0 等应用领域中，越来越多的数据开始被存储在非关系型数据库中，这就要求在集成的过程中进行数据转换，而这种转换的过程非常复杂且难以管理。传统的联机分析处理（online analytical processing，OLAP）技术和商务智能工具大都面向结构化数据，在大数据时代，用户友好的、支持非结构化数据分析的商业软件将有广阔的市场空间。

四、价值密度低

将大数据进行采集、清洗、挖掘、分析之后，能产生较高的商业价值，但是这种价值是低密度价值。价值密度的高低总是与数据总量的大小成反比，由于存在大量的不相关信息，未经过处理的数据价值较低，很难被利用。以金融行业为例，它面临如证券欺诈预警、信用卡欺诈和信用风险等一系列数据风险挑战，需要运用大数据技术，通过数据分析和监控有效规避风险。但现实是大部分的数据都是"正常"的，有助于欺诈分析的数据可能仅有百万分之一，而恰恰是这百万分之一的数据却能帮助银行发现潜在的风险用户，这种情况下，其他数据是没有价值的。数据在呈指数级增长的同时，隐藏在海量数据中的有用信息却没有成比例增长，如何结合业务通过强大的算法提纯数据价值，这也是当前大数据时代亟待解决的难题。

第三节　大数据的发展战略

一、大数据风险治理战略

（一）深化大数据理念，创新社会风险治理思维模式

应该充分应用大数据思维来提高我国社会风险治理水平，同时探索一条符合中国国情的社会风险治理道路。目前，采取预防措施局部改进和事后处理的方法已经无法有效地预防和化解根本性的社会风险。随着大数据技术日益完善，社会风险治理的思维方式和处理手段得到了改善。在社会风险治理过程中，我们需要更深入地考虑运用大数据技术，最大程度地发挥其功能优势，并使其在社会风险治理过程中得到广泛应用。我们应该掌握数据处理技能，将复杂的社会风险进行数字化，以此增强我们预测化解社会风险的能力，自觉采取相应行动。这也要创新社会风险防范思想，充分利用协作共享资源，全力实现社会风险网络化、集中化管理。同时需要遵循数据公开、资源共享、协同共治和成果共享等治理原则，以大数据思维分析社会风险的本质规律，开发新的评估、预警和预防方式。

（二）运用大数据挖掘技术，创新社会风险识别评价机制

随着大数据挖掘技术日趋成熟，云计算能力不断提升，数据传输介质不断更新，人们能够尽早通过大数据发现社会风险的产生根源，并分析其内在规律，可以模拟社会风险的发展过程，最终确定可能出现的社会风险和其危害程度，从而实现对社会风险的准确识别和科学评估。因此，有关机构可以利用大数据技术来预防和控制社会治安风险。

通过对海量数据进行分析，公安机关能够及时锁定那些行为异常且可疑的人员，获取可疑人员的个人数据信息并实时监控他们的不法行径，实现对违法犯罪嫌疑人员的高精度定位。如利用大数据技术，创建一个动态管理数据库，用于关联分析特殊群体、累犯和犯罪嫌疑人，并进行有效的动态管理。再如，利用大数据技术，对治安问题频发的区域加强巡逻检查，可在该区域设置视频探头进行监控，并根据监控信息不断调整警力部署。还可以利用大数据技术，建立智能化的应急指挥反应机制，以便快速响应社会治安隐患，准确评估风险，并进行及时预警。

（三）构建大数据共享平台，创新社会风险协同治理体系

为了提高数据的质量，确保交流的便捷性与管理的有效性，保障应用的安全性，以及更好地预防和解决社会风险，需要消除现有制度和专业分工导致的协作壁垒，促进多方、多领域的社会风险合作治理。建立一个统一的社会风险数据共享平台，利用大数据技术实现共治至关重要，但需牢记公开、透明、共享、协作、安全的原则。

使用大数据技术进行模式识别和深度挖掘各类数据，建立社会风险数据共享平台，该平台可以收集、存储、挖掘和处理涉及社会风险的数据。通过对海量数据进行分析，发现社会风险因素，深入了解社会风险的成因和演化规律，并实现对社会风险的全过程监控，从而实现对社会风险的精准评估。

二、大数据信息安全战略

（一）加强技术保障

1. 确保信息基础设施安全

国家大数据安全将受到大数据存储、流动和全球网络空间及互联网基础设施安全的直接影响。保护国家关键信息基础设施的安全是国家安全和经济稳定发展的重要保障，因此是国家大数据安全最基本和最紧急的任务之一，并且是处于国家大数据安全的核心位置。因此，各国需要努力加强本国互联网基础设施建设，在提高设施安全维护水平的同时，保障本国互联网基础设施的安全性。我们要高度重视国家关键信息基础设施建设，并积极追求自主创新。

目前，我国在关键信息基础设施建设和发展方面存在不足之处。因此，我们需要强化对云计算和大数据技术的研发，提升自身的科技创新水平，以克服目前在关键技术领域所面临的依赖他人的困境。互联网产业的重要组成部分如网络硬件、软件、服务和协议规则，必须秉持自主创新的精神，并加强对国家大数据安全的维护。此外，可以建立专门的大数据基础设施安全保障机构，以保护关键基础设施的安全并快速修复出现的问题，在不可预见的情况下采取紧急措施以减少损失。

2. 提高国家大数据安全技术主导权

2015 年，国务院颁发了《促进大数据发展行动纲要》，强调要深入研究大数据环境下的网络安全问题与基于大数据的网络安全技术，积极运用先进的大数

据理念、技术和资源，以加强对市场主体的服务和监管。大数据对于提升政府监管能力也很重要。维护国家大数据安全的核心是要提升国家大数据安全保障水平。虽然中国互联网技术发展迅猛，但总的来说核心科技仍存在欠缺，针对大数据安全技术方面的问题，我国应该集中精力解决核心技术上的难题，改进当前大数据安全方面需要凭人力克服的弊端，同时加强国家保护大数据安全的能力。首先，要建立一种新的数据保护技术平台，并加强自主创新能力，以实现突破关键设备（如存储设备、服务器等）和基础软件（如操作系统、数据库等）的核心技术。其次，应加强研究和应用防病毒、数据加密、关键数据审计和流动追溯等核心技术，以确保数据的安全，并推进相关产业的发展。最后，开发安全技术产品，防止追踪窃取或监听国家大数据的行为，以提高大数据分析水平，并实现对危害国家大数据安全的事件的预测和预防。

（二）提升观念意识

1. 树立大数据思维

大数据思维是一种全新的思维方式，它能够使我们重新审视大数据及其对人类社会生产和生活方式的影响。在进入大数据时代后，大数据思维成为人类社会的重要思维方式，使人类更好地应对不断变化的挑战。由于中国拥有世界上最多的人口，因此在数据产生方面具有天然优势。与其他网络强国相比，中国在网络基础设施、网络核心技术、大数据分析技术等方面有较大发展空间。通过运用大数据思维，人们可以探索大数据中事物之间的相关性，从而洞察现在和预测未来，更好地发现和把握机遇。大数据分析用于国家安全维护可以帮助相关机构发现以往未曾注意到的联系，了解以前无法理解的复杂技术和社会动态，从而提供更深入的国家安全视角，更加精确地维护国家安全。

2. 强化总体国家安全观

维护国家大数据安全是强化总体国家安全观的一个重要方面。在维护国家大数据安全方面，个人和企业都扮演着关键角色。由于互联网使得大数据在全球范围内得以自由流动，因此大数据安全问题也普遍存在。因此，我们需要加强数据产生者、处理者和使用者的国家安全意识，强调国家大数据安全的重要性，并始终有保护国家大数据安全的意识。

保障国家社会稳定和经济繁荣的基础之一，是有效应对国家大数据安全威胁。此举也是维护国家网络安全保障体系的重要组成部分。整个过程需要遵循《中华人民共和国国家安全法》中的相关规定，并坚持总体国家安全观，以维护国家大数据安全。国家大数据安全是一项包含经济发展和安全管理的系统性工程。实现这一目标需要政府机关、行业主管部门、组织和企业、个人等多层面的参与。我们应该依据《中华人民共和国国家安全法》《中华人民共和国网络安全法》等相关法规，一起建设网络和信息安全保障体系，并遵守相关规定，尽责履行数据安全风险控制的义务和职责，同时加强数据安全可控意识，以共同维护国家大数据安全。

（三）完善机制建设

1. 推动完善大数据权属法律法规

在机制方面，成立一个由国务院领导担任组长的国家大数据战略领导小组，该小组的职责是组织、领导、统筹协调全国大数据发展工作。在领导小组的组织下，分别设立办公室和大数据专家咨询委员会。

在法规建设方面，加快推进法规建设，制定《大数据管理条例》，支持行业组织发布《大数据挖掘公约》和《大数据职业操守公约》，并在合适的时候启动数据法的立法工作，明确数据权属，促进大数据市场规范化发展，推动数据规范化流通作为生产的重要因素。

在产业政策方面，推出一系列数字经济优惠政策，探索创新数字经济的监管方式，并加强对重点人群的大数据应用能力培训，以促进更多的就业机会，增加更多的就业岗位。

在试点示范方面，在环境治理、食品安全、市场监管、健康医疗、社保就业、教育文化、交通旅游、工业制造等领域开展大数据试点应用，通过以点带面的方式提升大数据应用能力。

在资源共享方面，根据"逻辑统一、物理分散"原则，我们可以建设一个国家一体化的大数据中心和国家互联网大数据平台，以探索政府和企业之间的双向数据资源共享机制。

在环境发展方面，我们将加强投入新一代基础设施建设，并加快我国信息基础设施的升级和优化。此外，我们还将制定政府大数据开发与利用的"负面清单""权力清单"和"责任清单"，建立全面的统计和评估指标体系，创建健康的舆论环境，杜绝对大数据概念的炒作，促进全国大数据的健康有序发展。

在数据安全方面，加快贯彻《中华人民共和国网络安全法》，建立国家关键基础设施信息保护制度，明确管理机构在关键基础设施行业方面的信息安全监督管理职责，促进国产软硬件应用的普及，提高信息安全的可控性。

2.推动建设大数据安全维护平台

第一，利用现有平台开展大数据安全维护合作交流，实现对大数据安全维护的有效管理。制定全球大数据安全治理的新规则新秩序，并通过这些规则秩序规范各国大数据安全标准，推进国与国间的安全合作，促进全球网络大数据安全发展。同时，我国政府还可以与联合国合作，积极促进命运共同体的构建。一方面，政府应考虑到国情与大数据发展现状，制定详尽的大数据安全与发展战略。同时，政府需推动大数据发展相关法规、标准和政策与国际接轨。另一方面，我国政府应该承担大国责任，展现大国担当，在全球大数据安全发展领域中发声，积极参与国际电信联盟推动的全球大数据安全治理活动，严格遵守国际公约，并参与制定相关的大数据安全治理规则和法律法规，提出具有规范作用的战略和方案，为全球大数据的安全贡献力量。

第二，创建一个针对维护大数据安全的专业化合作平台。建立一个跨国界、常规化的国际组织或机构来促进大数据交流和合作，参与该组织的成员应包括多个国家的代表。尽管目前已有国际大数据交流平台，但因缺乏大国的参与，尚未建立常规的会议模式。因此，需要积极推动国际大数据安全平台的构建。例如，国际数据管理协会（DAMA）是一家非营利组织，由全球数据管理和业务专业志愿人士自发组成。DAMA的目标是研究和实践数据管理，并建立相关的知识体系。在数据管理领域，DAMA积累了丰富的经验。但是，由于缺乏大国的参与，它在维护大数据安全方面的影响力相对较小。总的来说，建立多边国际大数据安全平台是一项艰巨的任务，需要大家的共同努力。

三、大数据强国战略

（一）注重大数据人才培养

第一，加强课程内容建设。利用高校学科优势，组织数据科学家进行课件编写，围绕"科学研究数据方法"的内涵，使学生对数据科学的基本原理、方法、技术及应用具有比较深入的理解。

第二，加强创新能力培养。突出数据科学关于数据界的研究，围绕"研究数据本身发展变化规律"的内涵，提升数据科学家的理论水平，体现大数据人才创新能力的培养。

第三，加强学科数据资源建设。对数据的认识、理解是数据科学家的基础和核心，应积累丰富的各学科数据资源，为人才培养提供良好的数据环境。

第四，加强国际合作和交流。邀请国外数据领域知名学者开展前沿讲座，提供能反映国际知名研究工作的系列教学模块；举办大数据、数据科学专业学术会议，打造广泛交流的平台。

第五，数据科学学位培养。推动高校设立数据科学博士、硕士（科学硕士、专业硕士、工程硕士）、本科第二专业学位等。在未来积极推进将数据科学设立成本科学位，形成完整的数据科学学位培养体系。

第六，企业联合培养。合作企业选派优秀讲师授课，前往企业运用数据实践技能，把理论教学与实践教学相结合，并能响应技术变化和领域需求。

第七，开展科普和竞赛。以政府为主导，以高校、社会培训机构和大企业为承办主体，开展各类科普活动，在全社会营造关心、了解、学习大数据的氛围。组织有全国影响力的竞赛、应用创新大赛等，从民众中发掘大数据创新技术和应用人才。

（二）实现大数据技术创新

实现大数据技术创新的前提需从以下几方面入手。一是数据资源。大数据的技术创新需要大量的高质量数据资源作为支撑。这涉及数据的收集、存储、清洗、整合等方面的技术和能力，还要考虑到合规和隐私保护等方面。二是技术基础设施。大数据的处理和分析需要强大的计算能力和存储能力。构建高效可靠的技术基础设施，包括大规模分布式计算平台、高速网络等，是实现大数据技术创新的前提条件。三是数据分析和挖掘。对大数据进行有效的分析和挖掘是实现创新的关键，这包括数据挖掘、机器学习、统计分析、自然语言处理等领域的技术和算法的应用，以及对领域知识和业务理解的应用。四是多学科融合。大数据技术创新需要多个学科的融合。这涉及计算机科学、统计学、数学、物理学、社会科学等多个领域的交叉合作，以实现对大数据的理解、分析和应用。五是创新思维和人才培养。实现大数据技术创新需要具备创新思维的人才。这包括培养具备跨学科思维能力、数据分析和挖掘技能，并且能够将技术转化为商业应用的人才。

而立足强国视角，要想实现大数据技术创新，离不开政策的支持与指引。首先，需要策划一系列国家级大数据科技项目，整合产业、学术和研究资源，致力于攻克大数据基础架构、数据收集与存储、数据分析处理，以及数据安全保障等核心技术。其次，促进大数据科研成果的产业化，吸引来自各行各业的优秀人才进行跨学科、跨领域的理论技术研究，汇聚各方资源。要稳步加速国家大数据综合试验区、产业集聚区和新型工业化示范基地建设，鼓励和推动自主研发大数据基础平台产品、数据分析工具、大数据开源软件，以提高语音识别、图像分析、数据甄别和数据挖掘等人工智能核心技术水平。同时，要给予相关方面奖励和激励。再次，加强政策扶持，充分发挥我国社会主义市场经济体制和市场方面的优势，支持大数据民间组织的发展。最后，还要鼓励小微企业积极开发大数据技术和应用，定期组织大数据行业高峰论坛、商业博览和竞赛活动，充分发掘全社会的创新力量。

（三）促进大数据产业发展

大数据产业发展的促进主要有以下几种途径。一是要将大数据作为一种新的驱动力来推动人类生产生活的变革、引领科技创新、促进产业转型以及优化城市治理。另外，可以利用中央重大战略部署的优势，在高水平、高标准的建设中心建立大数据应用示范基地，培育新的产业发展模式和业态，加速大数据产品的市场化和产业化。二是需要加快建设数据基础设施，整合政府和社会的数据资源，完善其他领域信息补充，以建立安全高效、互联互通的数据应用环境为重点。三是逐步推动广泛应用大数据技术，包括科学计算、高科技产品研发和治理体系优化等领域。我们要促进大数据在经济、文化、教育和卫生等领域的深度融合，实现数字经济和实体经济的信息化融合发展。此外，还需要系统推进互联网基础设施和数据资源管理体系建设，不断延伸大数据产业链。四是打造大数据技术和产业公共服务平台，为第三方机构提供大数据专业服务，加强公共服务支持体系，并逐步扩大市场发展空间。建立具有自主知识产权和可控性的大数据产业、价值和生态系统。将以人为中心的发展思想贯彻到大数据在社会保障和改善民生等领域的应用中，进一步推进大数据在就业、社保、住房、交通、乡村振兴及环境保护等方面的发展。

第二章　人力资源管理的基本理论

人力资源作为企业的核心竞争力，对企业的发展起着重要的作用。它涉及招聘、培训、绩效管理、薪酬福利等方面的工作，目的是通过合适的人员配置、合理的激励机制和良好的人际关系，建立一个高效、稳定的团队，推动企业实现战略目标。本章围绕人力资源管理的基本原理、人力资源管理的组织架构、人力资源管理的基本功能、人力资源管理的发展趋势等内容展开研究。

第一节　人力资源管理的基本原理

一、同素异构原理

同素异构原理在人力资源开发与管理领域的应用非常重要。同素异构原理可通过不同组织网络的联结，形成不同的权责结构和协作关系，实现不同的效果。这可以帮助企业形成一个有机的整体，发挥整体功能大于个体功能之和的优势。

在人力资源管理中，企业需要建立有效的人力资源调控机制。而这种人力资源调控机制的建立需要以同素异构原理为基础，全面优化组织结构。这意味着企业需要根据生产经营的需要，重视内部各岗位员工的职能作用发挥。通过不断调整组织和人员结构方式，以保证系统的正常运行。

这种人力资源调控机制包括以下五方面。

第一，人员招聘和选拔：根据企业的需求，选择合适的人才加入，并保证人员的多样性和互补性。

第二，绩效管理：通过设定明确的目标和指标，对员工的绩效进行评估和激励，以促进员工工作动力的增强和能力的发展。

第三，培训和发展：为员工提供必要的培训和发展机会，以提高他们的技能和知识水平，使其更好地满足企业需求。

第四，沟通与合作：建立良好的沟通渠道和协作机制，促进员工之间的信息交流和合作，提高整体工作效率。

第五，组织结构调整：随着企业战略的调整和发展，根据实际情况对组织结构进行调整和优化，以适应变化的环境。

总而言之，同素异构原理在人力资源管理中的应用可以帮助企业形成高效的组织结构，发挥人力资源的潜力，推动企业的发展和提升其竞争力。

二、能级层序原理

能级层序原理在人力资源管理中的应用非常重要。该原理主张将具备不同能力的人安排在组织内部不同的职位上，给予不同的权利，承担不同的责任，实现能力与职位的匹配。为了让有限的人力资源发挥最大的系统功能，企业必须建立一定的层级结构，并制订相应的标准和规范，形成严格的组织网络体系，构建相对稳定的组织管理结构。

在落实能级层序原理时，企业应当建立以工作岗位分析和评价制度为基础的人才招聘、选拔和任用机制。通过使用人员素质测评技术等科学方法，从根本上提高职位与人员的适合度，使企业能够充分开发和利用人力资源。

具体的实施步骤如下。

第一，工作岗位分析和评价：对不同的工作岗位进行深入分析和评估，了解各个岗位对所需人才的能力要求和素质要求。

第二，人员素质测评：通过科学的测评方法，对候选人的能力、素质和适应性进行评估，以确保选用最适合岗位需求的人才。

第三，招聘和选拔：根据工作岗位分析和评价的结果，制订招聘和选拔的标准和程序，以吸引和筛选出适合岗位的人才。

第四，任用和职位分配：根据人员的能力和素质评估结果，将其安排到合适的岗位上，给予相应的权利并使其承担相应的责任。

通过建立以能力为基础的人才选拔和任用机制，企业可以最大程度地发挥人力资源的潜力，提高组织效率和竞争力。同时，这也能够帮助员工充分发挥自身的能力，获得更好的个人发展空间和工作满足感。

三、要素有用原理

要素有用原理的含义是指，在人力资源的开发和管理过程中，每一个要素都是有意义的，重点在于为这些要素创造条件，使它们发挥作用。人才的任用需要适宜的环境和一定条件。一方面，领导者在这一过程中发挥了至关重要的作用，他们必须识别并挑选出合适的人才；另一方面，良好的政策也为人才选用带来了众多机遇。

根据这一原理，企业可以通过优化组合，使每个员工找到更合适的岗位，发挥所长；或者通过培训，使员工能够适应新的岗位，并发挥更多的潜力。这一举措不仅可以激发员工的工作热情，还能提高企业的效率和利润。

要素有用原理强调了人力资源的重要性和合理利用，帮助企业认识到每个员工的价值和潜力，促进员工和组织的共同发展。通过为员工提供适当的岗位和机会，企业能够最大限度地发挥员工的优势和潜力，提升组织绩效，实现企业和员工的双赢。

四、动态适应原理

动态适应原理是人力资源管理中的一种理论认知，指的是人力资源管理需要根据外部环境和内部要求的变化，灵活调整以满足组织和员工的需求。它强调了适应性和灵活性，认为人力资源管理应该是一个不断调整和优化的过程，而不是一成不变的固定模式。

具体来说，动态适应原理包括以下五个要点。

第一，响应变化：人力资源管理需要及时识别和响应市场、技术和组织变化，以确保适应性和灵活性。

第二，预见未来需求：人力资源管理应该具备一定的前瞻性，预测和分析未来的需求和趋势，以提前做好准备和调整。

第三，灵活调整资源配置：动态适应要求人力资源管理能够根据动态变化情况，灵活调整人力资源的配置，以提高组织的效率。

第四，持续学习和发展：认识到知识和技能是不断更新和变化的，人力资源管理需要鼓励员工持续学习和发展，以适应新的需求和挑战。

第五，多元管理策略：人力资源管理应采用多元化的管理策略，灵活应对不同员工和团队的需求，提供个性化的支持和发展机会。

总体来说，动态适应原理强调了人力资源管理的灵活性、适应性和前瞻性。只有不断调整自身才能适应变化，才能更好地发挥人力资源的作用，提高组织的竞争力和可持续发展能力。

五、组织设计原理

组织是由人组成的实体，具有明确的目的和系统性结构。在管理学中，组织可以被视为一种权责角色结构，意味着组织内部的各个部门和组织成员之间存在着权力和责任的相互关系。

组织的系统性结构是通过劳动分工来实现的。不同部门或岗位承担着不同的责任和权力，彼此之间相互配合和协作，以实现整个组织的目标。这种分工和协作关系的建立使得组织能够有效进行资源的调配、决策的制订和执行、任务的分配和协调。通过明确的权责关系，组织能够实现高效运作。

除了劳动分工的关系，组织还涉及其他方面的权责角色结构，如领导下属关系、上级下级关系等。这些关系也是组织内部权责的表达和实施，帮助组织实现目标并有效运作。

因此，将组织视为一种权责角色结构是管理学中一种常见的方式，帮助我们理解组织内部的权力分配和责任分工，以及组织的整体运作方式。

（一）组织结构

组织结构是指组织内部分工和协作的基本形式或框架。它对组织的行为有着长期性和关键性的影响。

组织结构反映了个人和部门之间任务的分配和安排，即工作在组织内各个部门和成员之间如何进行分工。它还涉及正式的报告关系，包括权力链、决策责任、权力分层的数量和管理人员的控制范围。通过组织结构，可以明确各级管理层次之间的关系，确定决策的责任和权限，并确保信息的流动。

组织结构还为跨部门合作提供了便利。它帮助组织解决信息传递的问题，确保各部门之间的协作和配合。组织结构提供了一种常规方式，让企业的任务得以安排和完成，并促进信息在组织内部的流动。

因此，组织结构可以被定义为一个企业的组织任务、人员任务分配和信息流动的一种常规方式。它是组织内部协作的基础，对组织的运作和发展至关重要。

（二）组织设计

组织设计是指建立或者改变组织结构，以便更有效地实现组织的既定目标。组织设计包括对组织内层次、部门和职权的合理划分。

首先，在组织设计过程中，需要根据组织的目标，对实现目标所需的各项业务活动进行区分和归类。这样可以将性质相近或联系紧密的工作进行归并，并组建相应的职能部门进行专业化管理。

其次，组织设计还需要考虑适度的管理幅度，即管理层次的确定。这包括设置适当的横向管理部门和划分纵向管理层次。横向管理部门可以促进跨部门协作，而纵向管理层次的划分可以确保决策和控制的层级适度，避免权力过度集中或决策效率低。

通过合理的组织设计，可以提高效率，使其更适应变化的环境和更好实现组织的目标。组织设计是组织管理中至关重要的一环，需要考虑到组织的战略、业务的需求和员工的能力，以实现组织的长期发展。

1. 劳动分工专业化

传统上，劳动分工被认为是提高生产效率的重要手段之一，可以提高管理者对工作任务的控制能力。在20世纪初期以及更早的时候，当专业化尚未普及时，这一观点是毋庸置疑的。然而，随着劳动分工日益细化，问题就出现了。劳动分工带来的非经济性劣势开始超过专业化所带来的经济优势。这种非经济性劣势表现为员工在精神上的厌倦、疲劳和压力，导致旷工频次和员工离职率增长，进而导致生产率下降和劣质品率上升等问题。此外，劳动分工也增加了管理协调的难度，对于具有高度独立性和专业性的工作任务，协调多个员工的工作活动变得更加困难。

现代观点强调不仅要考虑经济成本和效益，还要考虑员工的心理成本。通过扩大工作活动范围来提高生产力是其中的一种做法。比如给员工提供多种不同的工作任务，让他们完成一个完整的任务，或者将他们组织成一个工作团队。尽管现代观点有悖于传统的劳动分工思想，但总体来说，劳动分工的思想在当今许多组织中仍然具有生命力，并且产生了良好的效果。我们需要认识到劳动分工对于某些类型的工作而言仍然具有经济性，同时也要看到劳动分工存在的不足之处。

可以说，传统的劳动分工思想在某些情况下仍然是有效的。但现代观点也强调了考虑员工的心理成本，并提出了不同的方式来提高生产率。这种综合的观点可以更好地平衡组织和员工的需求，实现更高水平的绩效。

2. 指挥链

指挥链的本质是一条权力链，它决定了组织中人员之间的联系与上下级关系。指挥链涉及两个重要的原则，即统一指挥和阶梯原理。

首先，统一指挥原则强调每个下属只能向一个上级主管直接负责和报告工作。

这样可以避免下属面临来自多个主管的不同要求或优先处理要求。统一指挥原则确保工作的责任和权力有明确的指向，从而避免出现混乱和冲突。

其次，阶梯原理强调不同工作和任务的人员应该有不同的权利和承担不同的责任。这意味着每个人都应该清楚地知道自己应该向谁报告，以及组织中管理层次的逐层关系。阶梯原理确保组织结构的清晰性和职责的明确性。

通过指挥链，组织中的权力、责任和联系得到正式的规范。它确保了决策的有效传递和执行，同时也提供了组织成员之间的沟通和协作方式。指挥链对于组织的有效运作和管理非常重要。

（三）管理跨度

管理跨度探讨的是管理者可以有效指挥的下属数量。这个问题涉及如何平衡管理者对下属的控制与指导，以及组织层次的效率和灵活性之间的关系。

西方古典学者主张窄小的管理跨度，一般不超过 6 人。该观点认为，较小的管理跨度可以使管理者能够更紧密地控制和指导下属，确保工作的质量和效率。这种方式适用于那些需要高度专业知识和密切监督的任务，以及对工作质量要求较高的情况。

然而，也有一些学者认为，组织层次是一个权变因素，管理跨度不是固定的。随着管理者在组织中职位的提升，他们需要处理更多复杂的问题，涉及非结构性的事务。因此，高层经理的管理跨度往往要比中层管理者的小，而中层管理者的管理跨度比基层监督人员的小，因为基层监督人员需要关注更具体的操作和对员工的具体工作指导。

管理跨度的大小会决定组织的层次结构和管理人员的数量。较小的管理跨度可能会导致组织层次过多，管理者太多，造成决策过程的延迟和信息传递的滞后；相反，较大的管理跨度可能导致管理者无法有效地控制和指导下属，导致工作质量和效率下降。

因此，确定管理跨度需要综合考虑组织的需求、任务的性质、管理者的能力和经验等因素。适当的管理跨度既能够确保管理者对下属的有效管理，又能够提高组织的效率和灵活性。

（四）职权与职责

在职权方面，古典学者认为职权是管理职位所固有的发布命令和希望命令得到执行的一种权力，是将组织紧密结合起来的粘结剂。职权可以向下委任给下属管理人员，授予他们一定的权力，同时规定他们在限定的范围内行使这种权力。

这种授权不仅可以提高管理效率，而且可以使下属管理人员承担起责任，发挥他们的积极性和创造性。

授权时，应该授予相称的职责，即一个人得到的权力应该与他的职责相匹配。职权本质上是管理者履行其职责的一种工具，也是管理者行使其权力的手段。因此，在授权时，应该明确授予相应的职权，以确保被授权者能够有效地履行其职责。

然而，也有人指出，职责不可以下授。这是因为授权者对其授权对象的行为负有责任。因此，在授权时，授权者需要明确自己的责任和义务，确保被授权者能够正确地行使职权和履行职责。

此外，古典学者还区分了两种不同形式的职责：执行职责与最终职责。管理者应当下授与所授职权相对等的执行责任，但最终的职责永远不能下授。这是为了确保组织的稳定和健康发展，避免出现权力滥用或责任不清的情况。

六、激励强化原理

激励强化原理是人力资源管理中的一种激励理论。该理论认为创造条件满足员工各种需要，可以激发员工的动力，促使其产生实现组织目标的特定行为。通过适当的激励措施，员工的个人潜力可以得到更好地发挥，从而显著提高劳动生产率。

研究结果显示，一个计时工只需要发挥个人潜力的20%～30%就能保住工作，但通过恰当的激励，这个工人的个人潜力可以发挥出80%～90%。这表明激励可以调动员工的主观能动性，从而提高劳动生产率。

因此，在人力资源的开发与管理中，除了注意通过量化调配来合理利用人力资源外，更应关注对人动机的激发，即对人的激励。通过设计激励机制，提供激励条件和激励手段，可以促使员工更加积极主动地参与工作，提高工作绩效和组织效益。这包括提供有竞争力的薪酬体系、提供良好的职业发展机会、给予表彰和奖励、提供有意义的工作任务等，以满足员工的不同需求，并激发他们的工作动机和积极性。

七、公平竞争原理

公平竞争原理是指在竞争中遵循公平、公正的原则。它强调对竞争各方采用同样的规则，公正地进行考核、录用、晋升和奖惩。正确识别和理解竞争机制是非常重要的。确保公平竞争的前提包括以下三个方面。

一是公平性。竞争必须建立在公平的基础之上。公平意味着对所有竞争者一视同仁，不偏不倚。

二是适度性。竞争应该有度，既不能缺乏竞争的活力，又不能过度竞争。过度竞争会导致人际关系紧张，不利于协作，甚至引发内耗和排斥，对组织的凝聚力产生负面影响。

三是以组织目标为重。竞争应以组织目标为导向，良性竞争的特点是将组织目标置于重要位置，个人目标与组织目标一致。在竞争中，每个人应主要将自己与过去进行比较，并根据一定的标准来评价自己。即使与他人进行比较，也应主要从学习他人长处和弥补自己短处的角度出发。

通过确保竞争的公平性、适度性和以组织目标为重，人力资源管理可以更好地利用竞争机制，并达到调动员工积极性、提高组织绩效的目的。

八、信息催化原理

信息催化原理是指信息在人力资源管理中的作用和影响。

一是提供决策依据。信息提供了决策所需的数据和事实，帮助管理者做出明智的决策。例如，通过员工绩效评估信息可以确定员工的培训需求或晋升。

二是促进沟通和提高协作水平。信息的共享和传递促进了组织内外的沟通和协作。通过信息共享，员工可以更好地了解组织目标、期望和工作任务，从而更好地配合和协作。

三是加强组织学习。信息的收集、分析和总结有助于组织学习和知识管理。通过收集和共享知识经验，组织可以不断改进和优化人力资源管理实践。

四是激发创新。信息的获取和分析可以帮助组织发现问题和机会，并激发创新。通过对市场和竞争环境的信息收集和分析，组织可以及时调整战略和人力资源管理策略。

五是提高效率。信息的及时性和准确性对于人力资源管理的高效运作至关重要。通过信息技术的应用，组织可以实现信息的自动化和集成，提高信息处理和管理效率。

总而言之，信息催化原理强调在人力资源管理中充分利用信息。通过信息的获取、共享和分析，组织可以更好地做出决策、促进沟通、提高协作、改善组织学习、激发创新、提高工作效率。

九、主观能动原理

人的主观能动性可以推动个人在生活和工作中做出科学合理的决策和安排，从而使生活有条不紊，工作卓有成效。

此外，人的主观能动性在人才培养和使用中也起着重要作用。企业可以提供良好的外部条件，如完善的制度、周到的培训、宽松的环境和优良的企业文化，来激发员工的主观能动性。这样可以使员工更加积极主动地参与工作，发挥自己的才能和潜力，提高工作效率，并推动个人和组织的发展。

十、文化凝聚原理

强大的凝聚力对于吸引和留住人才、提高竞争力非常重要。凝聚力主要包括组织对个人的吸引力及组织内部个人之间的吸引力。

在满足组织成员的物质需求方面，工资、奖金、福利待遇等物质条件是凝聚力的基础。只有满足了员工的生存和安全等基本物质需求，才能够激发他们对组织的向心力。但单纯依赖物质条件是不够的，还需要关注组织的精神文化条件。

组织的精神文化条件包括组织目标、组织精神、组织哲学、组织道德、组织风气和组织形象等。这些精神文化条件是凝聚力的根本，满足了员工的社交、尊重、自我实现和自我超越的精神需求。企业应该以人为中心，将眼光放在满足员工的精神需求等高层次需求上，塑造高尚的组织目标和价值观，建立积极向上的组织文化，并通过这些精神文化条件来吸引和留住人才。

综上所述，企业在人力资源开发和管理中，应该注重尽量满足员工的物质需求和精神需求，通过高尚的组织目标和精神文化条件来增强组织的凝聚力。这样才能吸引和留住人才，提高企业的竞争力。

第二节　人力资源管理的组织架构

一、直线制与直线职能制人力资源组织架构

（一）直线制人力资源组织架构

在直线制人力资源部，人力资源经理属于经理序列，他需要负责部门内部的计划、组织、领导、控制等直线管理工作。当然，人力资源经理最主要的工作还

是设计、实施编制，考核，发薪等传统人事管理工作。直线制人力资源部往往没有将各种人力资源管理专业职能分开，这就需要人力资源经理成为"人力资源通"才能更好地对人力资源管理的全局工作加以把握。

（二）直线职能制人力资源组织架构

直线职能制人力资源组织架构是一种以细分职能为核心的组织设计方法，旨在将人力资源管理的各项职能进一步划分和分配给专门部门，从而实现更有效和系统的人力资源管理。

这种组织架构的出发点是将人力资源管理的各个职能分解为具体的部门或岗位，并在各个职能部门或岗位上设立专门的负责人。例如，可以设立招聘部门负责招聘与选拔，设立培训和发展部门负责培训与发展，设立薪酬与福利部门负责薪酬与福利管理等。每个部门负责特定的职能，专注于特定领域的工作。

这种组织架构的优势在于可以实现职能细分，使人力资源工作更加专业化。各个部门负责人可以针对自己负责的职能领域进行深入的专业研究以积累知识，使自己成为人力资源专才。同时，这种组织架构也能够提高人力资源管理的效率和质量，各个部门之间协同配合，可以更好地满足组织的人力资源需求。国内外大多数企业的人力资源部采用的是直线职能制组织架构。但是，这种组织架构也存在一些问题。由于职能细分导致各部门相对独立，可能会出现信息孤岛和沟通不畅的问题。此外，细分职能也可能导致职能之间的重复工作或职责重叠，需要合理地协调和整合。

综上，直线职能制人力资源组织架构通过细分职能、专业化经营，可以实现更加高效和系统的人力资源管理。然而，在实施时需要合理协调各个部门间的配合与协同，避免职能重叠和信息孤岛的问题，以实现整体的人力资源管理效益。

二、人力资源组织架构的升级：人力资源（HR）三支柱

HR 三支柱是一种人力资源组织架构方式，兼有矩阵制、事业部制、网状组织架构的特征。

（一）支柱一：专家中心

专家中心（COE）的角色是为高管、决策层提供战略支持和专业知识，以制定正确的人力资源战略。

COE 的工作聚焦于专业领域，要具备深厚的人力资源管理理论知识，掌握

相关领域的专业技能，并跟踪和对标最佳实践。COE 的设置解决了 HR 无法主动承接战略、无法像市场和财务部门那样为战略制订提供有效建议的问题。

COE 服务的对象包括公司的管理层和 HR 业务伙伴。对于管理层而言，COE 参与公司战略的制订，制订人力资源战略，为决策层提供支持。总部 COE 负责制订全球或全集团一致的指导原则，涉及战略、政策、流程和方案的设计，而地区 / 业务线 COE 则根据地区或业务线的特点，对指导原则进行定制化，以满足业务需求，同时保持整体的一致性。

总体而言，COE 的核心价值在于为高管、决策层提供专业的人力资源战略支持，以确保公司战略目标的实现。通过跟踪最佳实践和提供专业知识，COE 能够制订正确的人力资源战略，并为公司的发展提供有力支持。

（二）支柱二：人力资源业务伙伴

人力资源业务伙伴（HRBP）的角色是将人力资源管理融入业务策略中，为业务部门提供有针对性的人力资源支持，协助并促进组织的运营和发展。HRBP 的工作包括以下四个方面。

第一，业务理解和分析：HRBP 需要了解所在部门的业务，与业务负责人密切合作，深入理解业务目标和战略，分析业务部门的组织结构、人才需求、团队协同等方面的问题，为业务决策者提供包括人力资源在内的战略建议。

第二，人力资源支持：HRBP 通过提供各种人力资源服务和支持，包括人才招聘、绩效管理、薪酬激励、员工培训和发展、组织变革管理等，帮助业务部门解决与员工、团队和组织管理相关的问题。

第三，合作与沟通：HRBP 与业务部门的领导和员工建立良好的合作关系，成为业务团队中的重要伙伴，与业务部门密切沟通、协作，帮助业务领导干部培养和发展人力资源管理能力，共同推动组织的发展。

第四，数据分析与决策支持：HRBP 基于数据和分析，为业务部门提供有针对性的决策支持，帮助业务负责人制订有效的人力资源策略和管理措施，优化业务运营效率和团队绩效。

总而言之，HRBP 是在熟悉业务的基础上，将人力资源管理知识与业务策略相结合，为业务部门负责人提供综合性的人力资源支持，帮助业务部门实现战略目标，并促进组织的持续发展。

（三）支柱三：共享服务中心

共享服务中心（SSC）的核心价值在于通过提供一体化、信息化和自助化的人力资源平台支撑，为组织提供高效的 HR 服务。

首先，平台的选择是指 SSC 为组织内的员工和管理者提供一体化、信息化和自助化的 HR 系统。通过建立一个统一的平台，SSC 能够提供集中管理和处理员工信息、薪酬福利、培训发展等各类 HR 事务的能力，实现规模经济并提高运营效率。

其次，服务的选择指的是 SSC 作为标准化服务的提供者负责回答管理者和员工的咨询，辅助 HRBP 和 COE 脱离事务性和重复性的工作，并负责提供良好的内部客户满意度和卓越的运营结果。此外，SSC 还需要研究员工的需求，为其提供定制化且可信赖的 HR 服务。

最后，SSC 的核心价值在于通过提供一体化、信息化和自助化的 HR 平台，并提供标准化和定制化的 HR 服务，实现高效、规范和满足员工需求的人力资源支持。通过这种方式，SSC 可以提高组织的运营效率，提高员工体验，并为组织的发展提供有力支持。

这三个支柱共同构成了人力资源管理的重构模型，使其能够更好地与企业的战略和业务发展相结合。通过这种模型，人力资源管理部门可以更好地为企业提供战略性的人力资源支持，促进业务的发展以实现商业目标。

第三节　人力资源管理的基本功能

人力资源管理的基本功能是指其自身所具备或应该具备的作用。从人力资源管理的内容中可以总结出人力资源管理的五项基本功能：获取、整合、培训与开发、激励、评价与调整。

一、获取

为了实现目标，企业总是持续不断地招聘自己需要的人才，补充"新鲜血液"，企业在开辟新生产线、扩大企业规模、兼并其他企业时都会对人力资源提出新需求。人力资源部门必须帮助企业吸引和获取所需要的各类人才。此外，即使不进行扩张，人员也会有"自然磨损"，如退休、退职、病退、辞退、死亡等，也需要有人员的补充。获取功能通过人力资源规划、职位分析、人力资源招聘和甄选等具体工作来实现，它是整个人力资源管理活动的基础。

二、整合

建立并维持有效的工作关系，包括企业文化的传播、信息沟通、人际关系和谐、矛盾冲突的处理等内容。这一职能旨在使企业内部个体的目标、行为、态度趋同于企业的要求和理念，使彼此之间高度合作，建设具有整体优势的团队，发挥人力资源的整体优势，提高企业的生产力和效益。

三、培训与开发

这是提高员工能力的重要手段。培训与开发活动主要包括企业和个人开发计划的制订、新员工的引导和培训、员工职业生涯设计、继续教育、员工有效使用及工作丰富化。通过人力资源培训与开发，进一步提高员工的知识技能水平，挖掘员工的潜在能力，最大限度地实现其个人的价值，提高人力资源对企业的贡献率。

四、激励

激励是指奖励为企业做出贡献的员工，是人力资源管理的激励、凝聚和引导职能。包括制订公平合理的薪酬制度、提供福利待遇、经济性和非经济性报酬的分配、各种物质和精神激励的运用。通过这样一系列的活动可以使员工的工作满意度大大提升，增强员工为企业目标奋斗的决心，提高其劳动积极性和劳动生产率。

五、评价与调整

评价是对工作内容、工作表现，以及对人事政策的服从情况进行观察、鉴定和考核。在评价的基础上，依据考评结果，对员工实行合理、公平的动态管理，如晋升、调动、奖惩、离退和解雇等。

应当以一种系统的观点来看待人力资源管理的各项功能，它们之间并不是彼此割裂、孤立存在的，而是相互联系、相互影响的，共同形成了一个有机的整体。

第四节　人力资源管理的发展趋势

一、人力资源管理呈现数据化

数据化人力资源管理是当今的一个重要趋势。互联网和大数据的发展使得人力资源管理可以更加基于数据，并且通过数据来进行决策和管理，这是过去难以想象的。

数据化人力资源管理的一个重要体现是利用大数据进行前瞻性的分析和洞察。通过收集和分析大量数据，对人力资源的动态变化和未来趋势进行预测，为人力资源决策和管理提供充分的数据支持。这有助于企业在人力资源管理中更加科学和精确地进行决策，提高效率。

另一个重要体现是基于大数据建立人力资源共享平台，优化人力资源职能，并设计和交付相关产品和服务。通过共享平台，企业可以更好地整合利用人力资源的各种信息和资源，提高资源的利用率。同时，基于大数据的分析可以帮助企业更好地了解员工的需求和行为，从而提供更加个性化和定制化的产品和服务，提升员工满意度和组织绩效。

谷歌（Google）是一个典型的实践案例，它利用大数据平台对人力资源进行分析，并重新定义了人力资源的职能。谷歌利用大数据分析员工的行为和需求，提供个性化的培训和发展计划，从而提高员工的工作表现和满意度。这种基于大数据的员工管理模式被认为是一种创新实践，可以为企业带来更好的人力资源管理效果。

总的来说，数据化人力资源管理是一个重要趋势，通过利用大数据进行分析和决策，可以提高人力资源管理的效果。这样的管理方式可以提供更精确的数据支持，提高决策的准确性和效果，同时也能更好地理解员工需求从而提供个性化的服务。

二、人力资源管理呈现创新驱动化

在未来，中国经济要提高全球竞争力，创新驱动和人力资本驱动将成为拉动经济发展的引擎。对企业而言，实现转型升级的动力来自这两个方面。因此，激发人才的创新活力将成为人力资源管理发展的趋势。

首先，建立创新驱动机制，为员工提供创新机会和平台，这是激发人才创新能力的重要手段。通过营造创新的工作环境和设立激励机制，鼓励员工提出创新思路，并给予资源支持和奖励。这样可以激发员工的创新热情，促使他们参与到企业创新的过程中。

其次，要尊重员工的微创新，特别是非核心人员的微创新。在企业中，每个员工都可能有创新想法和潜力。因此，应该鼓励和支持员工的微创新，给予适当的奖励和认可。即使是微小的创新，也可能带来意想不到的价值和效益。

最后，企业需要加大研发投入和技术创新投入，发挥知识创新者的引领作用。通过增加科研经费、建立创新研发团队，并与高校、科研机构等合作，可以促进企业内部的知识创新和技术创新。这样可以为员工提供更多的创新资源和机会，激发他们的创新潜力。

总的来说，激发人才的创新能量是未来人力资源管理发展的重要方向。通过建立创新驱动机制、尊重微创新和加大研发投入，可以激发员工的创新激情，提升员工的创新能力，为企业的转型升级提供支撑。

三、人力资源生态链管理日显重要

企业管理始终要贯彻"以人为本"的理念，这是因为企业价值都是由各层级的员工共同创造的。因此，在人力资源管理中，要尊重人才，善用人才，构建优良的人才生态环境，增强组织内部成员的凝聚力，为员工施展才能、创造价值提供平台，从而促进经济和社会发展。在未来发展中，企业人力资源生态链管理或者绿色人力资源管理将逐渐受到关注。

第一，在人力资源生态链管理中，要积极构建绿色的人才生态环境，促进人才的良性竞争，进而实现人力资本增值。人才生态环境包括能够确保人才生存发展、施展才能，以及实现自身价值的生活环境、工作环境、经济环境、政治环境、文化环境等。人才生态环境的构建可从以下三方面着手。一是企业更深刻认识到人才的价值，尊重人才；二是承认人力资本产权；三是将人才打造成为企业经营的核心要素与竞争优势的来源。此外，要营造良好的竞争环境，打造以职业道德为基本规范、以才能与绩效为指标的用人机制，以价值创造为追求的竞争制度。

第二，绿色的人力资源管理要适应绿色经济发展要求，最大限度地开发人才潜能，激发人才的创新能力，构建与企业发展相适应的人才培养系统。在人力资源生态链管理中，要注重优化人力资源管理相关制度，革新管理方式，构建更加科学的管理体系，变革管理职能。这样，企业才能更好地适应绿色经济发展要求，顺应经济发展大趋势，应对各种挑战，把握发展机遇。企业要比以往更加重视人力资源开发，充分发挥人力资源在增强企业实力、创造价值方面的作用。基于绿色经济发展要求，结合社会经济发展现实，建立企业战略目标，关注人员培训，增强培训体系的科学性和有效性，发掘人力资源的价值，为企业发展提供有力支撑。

四、人力资源管理角色多重化、职业化

众所周知，一个企业的核心优势取决于智力资本。智力资本是指人力资本、客户资本和组织结构资本。人力资源的有效开发与管理将提升客户关系价值。重视经营客户与经营人才相结合，致力于维持、深化、发展与客户和员工的关系，以获得客户和员工的终身价值，提升企业的人力资本价值。人力资源管理者要尽快实现从业余选手到职业选手和专家的转变，要具有人力资源的专业知识和技能，懂得"游戏规则"。企业人力资源管理的政策与决策越来越多地利用"外脑"，否则新的人力资源政策、组织变革方案往往很难提出并得到高层管理人员及员工认可。

五、人力资源价值链管理需求更加突出

人力资源管理由过去的价值分配转向价值创造，其运作过程从以成本为中心转向以利润为中心。人力资源管理从本质上看就是以价值链管理的方式获取人力资本价值。人力资源价值链是指人力资源在企业中的价值发现、价值创造、价值评价和价值分配一体化。价值链管理以人才为核心，既要尊重人才，也要采取有效方式激励人才。人力资源管理就是根据企业实际情况构建以核心人才为主的竞争优势，打造核心竞争力，促进实力提升。在企业未来发展中，价值链管理的作用和必要性将更加凸显，人力资源管理者必须具备实施价值链管理的意识与能力。

第一，价值发现与价值创造以人力资源战略规划流程为基本支撑。在实际工作中，要将人力资本投资与企业战略目标相结合，提升人才的核心竞争力，发掘人力资源管理的战略价值。人力资源价值链管理的第一步必然是发现价值，主要包括以战略价值为引导的人力资源战略规划系统和以提高价值的方式设计的人力资源管理工作体系。

第二，要有效实现价值创造，必须认可企业家与创新人才在企业发展中的不可替代性。根据二八法则，20% 的核心人才为企业创造了 80% 的价值。但这并不意味着其他 80% 的人员可有可无，他们也是企业持续发展的强大动力。因此，要建设以企业的核心层、中坚层、骨干层为主的员工队伍，对各层级的人员实施科学管理，提高管理的针对性和有效性。

第三，价值评价也是不容忽视的一环。价值评价借助一定的评价机制，全面分析员工的综合表现，认可做出贡献的员工，构建以能力与绩效为核心指标的人力资源管理体制，突出价值创造在人力资源管理中的重要性。

第四，建立科学的价值分配制度。科学的价值分配制度可以激励员工，发掘员工潜力并满足其需求。在制订分配体系时，要保证价值分配的多元化，综合把握薪资、福利、股权、发展前景等要素。企业要注重开发员工潜能，针对员工优势科学地进行价值分配，以提高其动机。

六、人力资源管理客户价值导向日趋重要

当前，人力资源管理者被赋予了多重角色：既要有工程师的战略眼光，也要具备一定的营销能力，还要成为客户经理；既要有扎实的理论基础、较高的实践技能，还要具备引导员工接受人力资源产品与服务的能力。从某种角度看，人力资源管理者就像客户经理，主要向员工推销以下几种产品与服务：一是共同愿景，保证员工意愿与企业战略目标一致，满足员工的事业发展期望；二是价值分享，采取多种手段，如优化薪酬体系、实施智慧共享等，满足员工的多样需求；三是人力资本增值服务，加强人力资本投资，优化培训体系，发掘员工潜能，促进人力资本增值；四是授权赋能，为员工提供参与决策、管理的机会，尊重员工的自主性，强化员工的责任承担；五是支持员工成长，为员工个人发展与企业绩效提升创造有利条件，使员工以更高的热情投入工作。

员工本质上也是客户，人力资源管理要向其提供定制化的人力资源产品与服务，并保证产品与服务契合员工需求。随着人力资源管理职能的演变，员工作为管理对象，并不是制度与命令的绝对服从者，客户关系管理逐渐成为人力资源管理的新方式。企业价值是由员工创造的，企业要树立新的管理观念，从营销的维度来实施人力资源管理，坚持客户价值导向。从本质上看，人力资源管理也是一种特殊的营销工作，满足员工需求显得尤为重要。在新型管理体系中，人力资源管理者要根据企业发展现状，向员工提供优质的人力资源产品与服务，从而留住人才，发掘员工潜力，提高员工工作积极性，为企业发展提供人才保障。

第三章　大数据与人力资源管理的关系

随着互联网的迅猛发展，人类社会进入了大数据时代。大数据助推了生产模式与管理方式的变革与创新，对社会治理、决策制定、个人生活、思维方式产生了重大影响。企业运营越来越依赖于大数据，大数据逐步渗透到企业生产与管理的各个环节。人力资源管理作为企业管理的重要组成部分，其管理模式的变革离不开大数据技术的运用。引入大数据技术，树立大数据思维，强化对大数据的运用，推进人力资源管理创新，是企业转型发展的需要，是提高企业管理效率和竞争力的关键。本章围绕人力资源管理的新形势、基于大数据的人力资源管理、大数据在人力资源管理中的作用等内容展开研究。

第一节　人力资源管理的新形势

一、外部环境的变化

（一）"互联网+"时代

"互联网+"时代，指的是区别于消费互联网的产业互联网时代。在新的产业互联网时代，人力资源管理面临许多新挑战：一是选人比培养人更重要；二是互联网专业人才与传统产业人才的文化冲突与融合，这涉及互联网人才的存活率与忠诚度问题；三是人力资源部门的角色、定位、职能转型与创新能力；四是人力资本主导时代，如何给人力资本定价；五是去中心化、自组织、创客化对基于能力的任职资格的挑战；六是人才高流动性环境下的员工满意度与敬业度及员工共享服务；七是活力衰竭与持续激活；八是互联网时代人力资源效能面临的挑战。

（二）跨文化环境

文化对整个社会具有重要的整合和引导作用，对于不同国家来说，由于其历史传统、地域环境、经济发展水平等都存在一定差异，因此文化也存在着一定差异。在不同国家中，文化的社会整合和引导作用各不相同，对人力资源管理也会产生不同的影响。随着中国加入世界贸易组织（WTO），中国企业走向国际，也有越来越多的外资企业进入中国，必然要求人力资源管理策略拥有全球化视角，在全球范围内利用资源将自己所拥有的资本、技术、管理经验、研发等，与其他国家的人力资源、自然资源、市场规模等优势相结合，利用跨文化优势开展跨国经营，在全球范围内实现优势互补。

（三）世界经济一体化

经济全球化的浪潮要求人力资源管理必须拥有全球化视角。对于跨国人力资源管理，就法律、政治因素而言，企业必须对当地的政治环境、就业法律和政策规定等进行全面的考察，以免带来劳资纠纷；就文化因素而言，企业要进行文化整合工作，加强跨文化管理理念，尊重不同的文化，求同存异；就经济因素而言，跨国公司的利润常常取决于劳动力价格、货币波动情况及政府税收政策。如何获取质优价廉的劳动力是跨国公司人力资源管理的重要内容。

（四）知识经济时代

知识经济是建立在知识与信息的生产、分配和使用之上的经济，它在资源配置中以智力资源和无形资产为第一要素，通过知识和智力对资源进行科学、合理、综合和集约的配置[①]。在知识经济时代，企业经济的增长从主要依靠资金资本的投入转化为主要依靠知识资本的投入。知识资本成了人力资本优势的标志，人力资源的价值成为衡量企业核心竞争力的标志。与传统的产业经济相比，知识经济拥有自己明显的特征，以高科技行业为支柱产业、传统生产方式的转变、以创新为动力等特征都把人力资源的重要性提到了前所未有的高度，所以，必须转化传统的人力资源管理模式。知识经济对人力资源管理的冲击主要体现在以下几个方面。

---

① 计淑玲.论知识经济时代人力资源管理面临的挑战与发展趋势［J］.石家庄经济学院学报，2003（04）：411-413.

1. 管理对象交叉化

工业经济时代，人力资源管理以职位为基础，强调个人的责权分明，而知识经济时代，组织内部的不同部门之间、组织与组织之间，甚至各个行业之间，人力资源边界比较模糊，是"可以渗透"或"半渗透"的。人力资源管理以团队为单位，跨团队的协作成为主流的组织管理模式。团队的构成可以是横向跨职能单位的人员组合，也可以是纵向不同层级的人员组合，同时也可以是来自组织外其他利益相关者的人力资源的组合。这样，组织人力资源管理的范围就不只局限于本组织之内，还要考虑到客户、供应商，以及其他与组织有利益关系的人力资源。知识经济带来的交叉化管理不但能充分挖掘本组织人力资源的潜能，同时也能充分利用与自己所在组织相关单位的人力资源。

2. 管理层次简单化

人力资源管理层次简单化，是指在知识经济中人力资源管理的层次减少，相应管理深度增加，也就是说，组织结构形态从工业经济时代的高耸型结构转变为现在的扁平型结构。目前，不少跨国公司正在不断减少中层管理人员，组织结构越来越扁平，这种趋势将在知识经济中得到进一步发展。这归功于以下因素。

第一，技术的发展尤其是国际互联网技术的运用，使得管理深度增加变得越来越简单。

第二，管理层次的减少有利于组织应对日趋复杂的市场环境。高耸型的组织结构就像一个"巨人"，体型庞大，反应迟缓，面对变化越来越快的市场难以快速做出决策，这也是高耸型组织结构将被扁平型组织结构取代的重要原因之一。

第三，在知识经济时代，劳动力将越来越昂贵。从经济学角度来看，组织为了在竞争中取胜，一定要降低生产成本，提高效益。因此，减少人员的数量、提高人员的质量，将成为人力资源管理的必然趋势，这也是人力资源管理层次简单化的原因之一。

3. 管理手段先进化

知识经济时代的到来，使组织的人力资源管理进一步信息化和数字化。管理信息系统（MIS）日益广泛应用于人力资源管理中，它能根据既定的原则将个体的情况数据化后输入数据库，即可利用人力资源管理信息系统进行常规决策，使人事管理趋于严密，排除大部分人为因素的干扰，减少管理的随意性，同时也可为非常规人事决策提供依据。MIS 在人力资源管理中的应用有助于人力资源管理的优化和简化。网络技术的运用可以使公司管理人员足不出户即可进行人力资源管理，特别是大型集团公司可以通过互联网实现远程人力资源管理调配。当然，还有诸如系统模型与模拟、战略信息系统等技术也可以应用到人力资源管理中。这些技术的应用有利于实现高效益、柔性化、智能化的人力资源管理。

4. 管理方法灵活化

灵活化是指为了满足各种各样的需要，组织在实行人力资源管理时可以打破常规，灵活应对。传统的人力资源管理强调"管控"，有严格的规章制度，员工之间职责分明，而知识经济时代人力资源管理的特点是更需要员工积极、主动、自觉地应对个体职责及员工之间的不同分工，因为组织面对的市场更加复杂、难以预测，社会化分工进一步加大，对组织内部及组织之间的协作要求更高，组织之间的依赖性增强，如果仍然根据传统的人力资源管理规章制度来对人员进行管理，将会导致组织不够灵活甚至僵化。所以，知识经济时代要求使用灵活、及时、高效的人力资源管理方法。

5. 管理情境虚拟化

基于传统生产的经济理论和管理理论对组织的考察都是以线性发展的思想为基础的。因此，这些理论无法解释在资本、信息、技术、人才及原料都能够在全球范围内自由流动的经济中组织（企业）的指数级增长。

自 20 世纪 80 年代以来，知识经济的兴起和信息技术的日新月异消除了人类之间知识、信息传递的障碍，也引发了人类经营意识、管理观念的巨大改变。当下，最重要的生产资源是无所不在的知识和信息。知识和信息通过对传统生产要素的整合和改造，为公司的发展创造了新的价值。在知识经济的大背景下，借助于网络的强大功能，构建虚拟组织，实施虚拟经营，正逐步成为许多组织实现迅速发展的有效途径。这种虚拟化更加强调对人力资源和知识的开发与利用，更强调全员以知识为核心来参与企业的战略，从而促进人力资源、信息、知识和经营过程的紧密结合。同时，管理情境的虚拟化要求对员工充分授权、以团队为单位进行激励、充分发挥团队的影响等，这也使得传统人力资源管理的基本业务如薪酬管理、培训、招聘等呈现虚拟化的趋势。

二、内部环境的变化

（一）企业组织变革

1. 组织扁平化

计算机技术的发展与应用为缩短信息传递时间、提高组织运作效率提供了技术支持，使精简组织机构、减少职能层级成为可能。组织扁平化打破了专业分工和等级制，减少了管理层次和职能部门，强化了内部信息交流与沟通，突出了平等、效率，以团队结构取代层级结构，按照生产的过程或顾客的需要而不是按照职能来进行组织，从而形成以工作小组、团队为基本单位的扁平式组织结构。组织扁平化有助于企业适应激烈的竞争环境，提高了企业对外部环境的反应速度，同时，也给人力资源管理带来了一定的冲击，即员工承担更多的自我开发与管理的职责。在这种条件下，如何通过劳动契约与心理契约的建立提高员工对组织的认同，从而有效促进员工的自我开发与管理，已成为人力资源管理的一个新命题。

2. 组织结构分立化

分立化趋势一般分为两种形式：横向分立和纵向分立。横向分立就是企业将一些有发展前途的产品分离出来，成立独立的子公司，选派有技术、懂管理的人去经营，将决策权下放到基层。纵向分立是企业不仅从事多种产品经营，而且对同一种产品的不同生产阶段进行上下游分离。

实行分立化的组织结构具有明显的优越性：一是减少了组织的管理层次，信息传递快，提高了机构的灵活性和应变能力；二是保证了各部门的平等关系，有利于相互配合与协调，提高工作效率；三是增加了各公司的自主权和进取精神，使基层组织充满活力；四是职能管理部门"浓缩"，人力资源管理部门、行政管理部门、财务部门有可能合并成一个部门，统一为企业提供综合职能的支持。

3. 组织结构柔性化

"柔性"泛指适应变化的能力和特性。当今环境要求组织有灵活可变的能力来满足不同的需求，因此柔性化组织应运而生。柔性化组织结构强调企业能够根据外部环境的变化、市场需求的变化及经营战略的调整不断加以变革，增强企业对环境的动态适应能力，进而激发组织活力。组织结构柔性化在形式上表现为临时团队、工作团队、项目小组等，成员来自各个不同的操作单位。任务完成后，这些项目组便宣告解散。未来企业中的固定组织和正式组织将日益减少，而临时性的、以任务为导向的团队或工作小组将不断增多。

（二）人力资源主体变化

人力资源管理主体由单一化的员工群体转变为多样化的员工群体，其中知识型员工成为员工队伍的主体，员工来自多文化背景，新生代员工的管理问题比较突出。首先，知识型员工更具有工作自主性和自我尊重的需求，且其需求具有复杂性。其次，新生代员工的管理更为复杂。他们中大部分具有知识型员工的特征，因此要对他们的管理方式进行变革。新生代员工逐渐成为企业人力资源的中坚力量，同时也为企业人力资源管理带来了新的挑战，如职业规划不明确，跳槽频繁，企业人员重置成本高；漠视规章，强调自我，常常对管理规则的执行提出质疑；成就欲强烈，渴望成功，但定力不足等。新生代员工管理是企业人力资源管理所面临的全新课题。

（三）企业文化的发展

1. 创新文化和创新管理

知识经济的灵魂是创新，创新是经济增长的发动机，更是企业发展的动力源。"不创新，就死亡"将成为知识经济下"适者生存"竞争法则的代名词。企业的创新文化和创新管理主要有以下特征：推崇变革与创新的价值观、尊重个人、重视培训、实行开放式管理、自由沟通、面向顾客、提供优质服务、鼓励尝试、包容失败及居安思危的忧患意识等。

2. 速度文化和变化管理

知识经济和信息网络化时代，唯一不变的东西就是"变"。一个公司的成败取决于其适应变化的能力。传统竞争因素（如质量、价格、品牌、服务等）的重要性在不断减弱，而新的竞争越来越表现为时间竞争。新时代市场竞争的焦点不再集中于谁的科技更优良、谁的规模更强大、谁的资本更雄厚，而是要看谁最先发现并能最先满足最终消费者的需求。美国硅谷流行着一句话：速度是上帝，时间是魔鬼。因此，培育一种重视速度的企业文化成为很多公司的当务之急[①]。

---

① 高静．利用外包提升企业核心竞争力［J］．当代经济，2006（11）：51-52.

（四）虚拟企业组织

虚拟企业是指当市场出现新机遇时，具有不同资源与优势的企业为了共同开拓市场，对付其他的竞争者而组织的互利企业联盟体，它们建立在信息网络基础上，共享技术与信息，分担费用，联合开发产品。随着信息技术的发展、竞争的加剧和全球化市场的形成，没有一家企业可以单枪匹马地面对全球竞争，虚拟组织正日益成为公司竞争战略的核心工具。这种新型的企业组织给人力资源管理带来了很大的挑战，如管理过程中协调问题的复杂化和多样化、新型团队的激励、跨文化管理协调、信任等问题。

第二节　基于大数据的人力资源管理

一、人力资源大数据的特点

人力资源大数据具有相关性、流转性、分散性、非标准化等特点。

（一）相关性

1. 人力资源内部数据

人力资源内部数据是指基于员工在"工作、生活、学习、发展"四个领域产生的各种各样的信息（包括结构化数据、非结构化数据），这些信息彼此联系又相互影响。

2. 人力资源外部数据

一是基准数据，如各地关于"五险一金"的政府规定，这些基数的调整会影响公司的人工成本；不同城市对社保缴纳年限对于买车买房的限制、积分落户、租房补贴等的政策规定，可能影响人才的流动等。二是行业对标数据，例如薪酬调研报告、劳动力市场趋势报告等。三是竞品公司各方面的对标数据。

3. 企业经营数据

企业经营数据会影响人力资源的数据分析。公司效益好时，人力资源方面的投入也会增加，如增加人才招聘力度与培训费用、提高员工薪酬福利待遇等；当效益不好时，可能采取关停并转、减员增效等措施。

（二）流转性

大部分人力数据贯穿在"入离升降调、选用育留管"的各个流程中，前后端到端流通并交互，确保业务正常运转。流转确保了数据的连续性与一致性，并且流程中产生的数据都有记录，积累下来可用于未来进一步的大数据分析。

人力资源数据提供接口到下游系统，以便支撑其他业务系统需要，同时其他业务系统的一些数据与人力资源数据可以有交互。

（三）分散性

人力资源的数据分散在不同系统里，这可能是由于系统规划建设的局限性，有些系统不是互联互通的，如招聘系统、培训系统、测评系统、评估系统等。

人力资源之外的数据，如经营数据，涉及财务、销售、业务等部分，掌握在各个部门手里，由于利益交错盘结，数据尚未共享。

外部行业对标数据大多分散在不同的地方，需要花费较大人力物力去收集、整理、汇总。即使收集齐了，由于维度的不同，综合分析也具有难度。

（四）非标准化

人力资源数据缺乏统一标准，从统计指标、统计口径到计算公式都缺少统一标准。这一特点和财务数据形成了鲜明对比，使得人力资源大数据应用难度大为增加。

1. 统计指标没有标准

例如，分析人工成本投入和产出，既可以利用百元人工成本创利、百元人工成本创收，也可以用劳动分配率、人事费用率、人工成本占总成本费用比等指标，具体用哪些指标需要企业自己选择，所以不同企业可能有不同算法。

2. 统计口径没有标准

例如，最常见的劳动生产率，有些企业的统计口径是以与公司签订了劳动合同的员工来计算，有些企业则会将派遣员工合并计算，还有企业可能会将外包业务的员工也统计进来。

从实际情况来说，目前人力资源数据存在一定问题，一是数据量不够多。很多企业信息化系统建设不够完善，数据收集与积累有限，绝大多数企业还处于传统意义的分析阶段。即使信息化比较完善的企业，由于缺少数据挖掘方面的专业人才，数据的积累仍停留在起步阶段。二是技术限制不易分析。绝大多数人力资源从业者不懂大数据技术，而大数据专家也不懂人力资源管理。这使得无法充分挖掘和使用已有数据，大数据的价值无法体现。

二、大数据人力资源管理的复杂性

大数据分析尽管有诸多优势，但同时也有很多问题，这也说明了目前大数据的发展尚不成熟，其潜力尚待挖掘。

（一）大量产生，却难以捕捉

现阶段，虽然数据的产生速度已经十分快并且未来还会变得更快，但大数据的抓取和存储技术还无法满足数据的产生速度。一部分数据进入了分析系统，但更多的数据仍流失在外，没有被真正利用。

在大数据人力资源管理中，数据多是借助 IT 平台或人力资源平台收集汇总的，然而传统数据化人力资源平台进化为大数据人力资源平台还面临着诸多挑战。一方面，技术需要不断提升以捕捉更多的数据信息；另一方面，应规范数据收集方式，提高数据收集质量并防范数据系统安全漏洞等问题。

（二）分析错误的风险

大数据分析对数据的分析能力有很高要求，但由于分析方式是主观判断与选择的，无法保证大数据分析及预测一定会产生准确的结果。因此，大数据分析一定要承担数据分析错误的风险。

大数据在人力资源管理中的应用不同于其他领域，它需要直接对人产生干预。如根据大数据展现出的相关性改变招聘策略或采用新的培训方式等。因此，大数据人力资源管理将会变得更加敏感。一旦将大数据的错误分析结果加以应用，会对员工产生负面影响。

（三）大数据的所有权

关于大数据，还有一个无法回避的话题是谁拥有数据资源，即谁是数据的所有者。虽然目前有很多公司会使用员工数据来进行员工管理，然而能否利用员工数据信息来预测绩效、开放不同的培训内容，甚至做出员工去留的决定仍存在争议。哪些员工数据公司可以收集和使用？哪些数据在收集和使用时员工具有知情权？随着大数据人力资源的发展，这些问题都需要解决。

第三节　大数据在人力资源管理中的作用

一、大数据思维转变人力资源管理理念

现代企业管理越来越离不开大数据，树立大数据思维，深化对大数据的认识，革新管理方式，是新的发展环境下人力资源管理面临的新要求。在企业人力资源管理中树立大数据思维，需要从以下三个方面着手。

第一，人力资源管理者必须对大数据有一定认识，充分肯定大数据在管理中的价值，培养大数据思维。一是要对人才需求变化有敏锐的眼光和预见性；二是要对日常管理工作具备更高敏感性、专注力和创新思维能力；三是要引导员工养成大数据思维，促进员工在生产活动中对大数据的运用。

第二，提升大数据在人力资源管理中的地位，始终将其视为关键生产要素。人力资源部门是企业管理中一个不可或缺的职能部门。人力资源管理者每天要处理大量信息，信息类型多种多样，如员工绩效、培训情况、员工满意度调查数据、人员流动情况等。

第三，人力资源管理要深入把握大数据的特征，即数据规模大、数据流转速度快、数据来源范围广、数据类型多样化、数据真实性难以把控、可视化特色鲜明。这要求人力资源决策突破传统的基于经验与感觉的思维模式，积极倡导基于事实与数据的思维方式。

在大数据环境下，人力资源管理决策的制订不应仅仅依赖经验积累和自我感觉，而要突出事实与数据的参考价值，由此提高人力资源管理的科学化水平，优化管理方式，促进人力资源的充分开发与高效利用。

二、大数据技术促使人力资源管理手段更加先进

人力资源大数据是一种新概念，对于决策制订与管理变革具有重要作用。大数据技术引发了人力资源管理方式的更新。

第一，借助大数据技术实施人力资源管理活动，促进手段革新。例如，利用大数据多维数据库功能创设模型，突显人力资源分析的科学性与有效性。在人力资源管理中，可依托大数据深入分析员工离职现象。过去，管理者通常将绩效下降、缺勤视为员工离职的迹象，这种分析方法费时费力，且主观色彩十分强

烈，况且出现这些迹象时，员工离职的意愿基本成熟，要想留住这些员工非常难。如果依托大数据对员工的个性、优势、职业意愿等因素进行全面且深入的分析，建立相应的数据库，便可提前判断员工离职的可能性，并及时采取应对之策。

第二，对人力资源管理方法进行革新。大数据技术能使管理者便捷获取所需信息，为人力资源管理提供依据。例如，海氏三要素评估法就是大数据技术应用于人员测评的一种方法，其测评结果极具参考价值，受到高度认可。

除此之外，随着人力资源管理虚拟化进程的加快，人力资源非核心职能的外包业务迅速发展，便于人力资源部门专注于核心职能业务，避免管理者时间与精力的分散，从整体上使管理效率大为提高。

三、大数据支持人力资源管理内容与管理系统创新

人力资源管理是一项涵义广泛、业务复杂的综合性工作，主要包括以下六大部分：一是人力资源规划；二是人员招聘与岗位分配；三是员工培训；四是绩效管理；五是薪酬福利管理；六是劳动关系管理。各个部分的工作重心不同，彼此独立，但同时也存在密切联系，涉及人员招聘、人员培训、人员任用及人员留用的各个环节。基于大数据的运用，人力资源管理从内容到系统都应做出调整，以构建更完善、更高效的管理体系。

第一，要不断优化与更新人力资源管理内容，推动管理内容向精细化方向发展，使其更加符合企业发展的需要。在人员招聘环节，大数据技术为 HR 了解应聘者的各方面情况带来了便利，精准人岗匹配已不再是幻想，而成为触手可及的现实。

第二，大数据引发了新业态与新职位的产生，不管是岗位职能还是职位关系都突破了传统模式的桎梏，产生了一些新的变化。大数据产业呈迅猛发展之势，有关大数据的岗位将逐渐增多。企业以往的市场部经理将转变为首席营销官，其职能转变意味着营销核心的变化。过去的"成本"中心不再具备适应性，而被"价值"中心取而代之，这恰恰体现了企业岗位职责的变革创新。

第三，人力资源大数据管理将逐渐产生，它被视为人力资源的第七个部分，与已经成熟的六个部分既彼此独立，也相互联系，其边界日益模糊。然而，由于受到多方面因素的影响，如掌握的信息较少、信息分析不够深入、大数据技术利用程度偏低等，人力资源管理仍然聚焦于企业内部的静态信息，缺乏对企业内外信息的整合。进入 21 世纪，云技术、分布式处理技术发展迅速。这些技术为信

息获取、信息整合与利用提供了强大的技术支持，很多潜藏的信息得到开发，人力资源管理成效显著增强。同时，人力资源大数据拥有者、提供者和服务者等产业链迅猛发展，人力资源专业公司逐渐增多，人力资源外包业务得到大力拓展，而且人力资源大数据资源对企业发展的影响力日趋提高，必将成为人力资源管理不可分割的一部分。未来，人力资源大数据将融入企业战略目标确立、业务流程优化等各方面，并与已经成熟的六大部分融合，进而使各部分都显现出数据化特色，其边界感也日趋淡化。大数据在人力资源管理各方面、各环节的应用将更加深入，新型人力资源管理模式将逐渐形成。

四、大数据助推人力资源管理模式与组织构架升级变革

毋庸置疑，人力资源管理模式与组织架构的建立与完善是一项不容忽视的工作，是企业信息化管理的内在组成部分。进入大数据时代，创新人力资源管理模式与系统，强化大数据的运用，是人力资源管理面临的新挑战。

第一，人力资源孤岛现象将逐渐消失，碎片信息将得以整合。现阶段，人力资源管理仍然以人员招聘、员工培训、入职和离职管理等为核心业务，这些业务中产生的信息属于结构化数据，各方面的业务信息具有相对独立性。在各项业务的开展过程中，管理人员面对业务交叉的情况，往往只是进行碎片化信息管理，缺乏一个综合的信息管理系统，大部分工作陷于具体的、重复的烦琐事务中。同时，一些人力资源管理人员并不具备较高的专业素质，加上管理制度陈旧，在很大程度上降低了人力资源管理的质量。对此，应依托大数据信息资源与大数据技术来对人力资源管理模式进行优化，将组织中每一个岗位单元连接成为有序高效的整体，促进碎片化信息的整合。

第二，以岗位为核心的人力资源管理模式已很难满足现代企业的发展需求，而以能力为核心的管理模式强调的是对人才的管理，与企业战略高度契合，在人力资源管理中要促进能力与岗位的结合，提升能力的地位。以往企业内部各岗位都对应特定的工作内容和任务，成员都有一定的岗位职责，这种以岗位为核心的人力资源管理模式对于企业发展具有积极作用。然而，在大数据时代，以岗位为核心的管理模式表现出明显的不适应性。对于数据分析师来讲，既要具备突出的数据处理能力、掌握高效的分析方法，更要有高瞻远瞩的眼光和洞察力，科学地把握行业发展趋势与企业走向。洞察力的培养并非轻而易举之事，需要持续学习，提高自身素质。构建以能力为核心的人力资源管理模式，坚持能力与岗位相结合，提高员工的胜任力，是新时期人力资源转型的需要，也是企业获得发展动力的需

要。这种新型人力资源管理模式，在人员招聘、薪酬制度、绩效评估、个体发展、职业方向等各个业务环节都突破了旧有模式的桎梏，突出能力的重要性。在这种新模式下，人力资源管理的焦点将由工作任务转变为具有能动性和创造性的个体，更加关注员工能力的发挥与提升，促使员工能力与岗位需求高度契合。

第三，转变企业人力资源管理组织结构，使其向扁平化方向发展。在传统模式下，人力资源主管与基层员工的沟通极为有限。在掌握的员工信息中，仅仅是员工的基本信息，其他信息则主要从组织外或组织上层获取。依托大数据，建立"扁平化"组织结构，便于管理者与基层员工沟通交流，尤其是借助互联网传递工作信息，这样能显著降低成本，实现人性化管理。

第四章　基于大数据的人力资源规划实践

随着科技的不断进步，大数据已经在各个领域形成其独特的文化，数据库营销、数据库信息检索等都对我们的生活产生了极大影响，而人力资源规划在企业长期发展过程中有着不可或缺的作用，大数据时代的到来对人力资源规划同样产生了不容小视的影响。本章围绕人力资源规划概述、人力资源规划的问题、基于大数据的人力资源规划策略等内容展开研究。

第一节　人力资源规划概述

一、人力资源规划的含义

人力资源规划是为了实现企业的发展战略和经营目标，通过预测未来环境变化中的人力资源供需状况，采取相应措施来平衡供需，以满足企业对人员的需求。它涵盖了以下四个层面的含义。

第一，与企业发展战略相匹配。人力资源规划需要与企业的发展战略和经营目标相一致。它必须反映企业的战略和目标，作为企业战略的一部分来进行规划。企业只有在确定了发展战略后，才能对人力资源进行科学有效的规划，并建立相应的管理体系。

第二，预测供需关系、采取平衡措施。人力资源规划的工作是预测人力资源的供需关系，并根据预测结果采取相应措施来平衡供需状态。如果没有预测，就无法进行人力资源的平衡规划。同时，也需要采取措施来调整供需关系，以实现人力资源的平衡。

第三，数量、质量和结构的匹配。人力资源供需关系的平衡不仅仅是在数量上的匹配，还需要考虑质量和结构的匹配。企业对人力资源的需求不仅仅是数量的问题，还需要关注质量，即确保人力资源的供需在数量和结构上相匹配。

第四，保障企业和员工的长远利益。人力资源规划旨在保障企业和员工的长远利益。通过合理的人力资源规划，企业可以获得合适的人力资源，从而支持企业的长远发展。同时，员工也可以在合适的岗位上发挥个人价值，并得到相应的职业发展机会，实现个人长远利益[①]。

总而言之，人力资源规划是基于企业的发展战略和目标，通过预测和平衡人力资源的供需关系，以实现企业和员工的长远利益。

二、人力资源规划的作用

（一）满足企业总体战略发展的要求

人力资源规划的作用之一是满足企业总体战略发展的要求。企业制订发展战略是为了未来的规划和发展，在这个过程中，人力资源是一个不可忽视的重要变量。

在竞争激烈的市场环境中，企业需要不断开发升级产品、引进新技术才能保持竞争优势。不同的企业、不同的生产技术条件对人力资源的需求是不同的。因此，人力资源规划需要考虑到企业目标和战略，并根据市场和技术变化不断调整人员的配置。

如果企业不适应环境变化和技术更新，可能会导致两个结果：一方面是人员过剩，却无法满足企业需求；另一方面是人才紧缺，无法提升竞争力和效益。因此，为了实现组织战略目标，需要加强人力资源规划，确保人才的供给和需求匹配。

人力资源管理部门需要对未来的人力资源供给和需求进行科学预测，以及时获得所需人才，实现企业的战略目标。因此，做好人力资源规划对于企业的发展战略和经营目标的实现都非常重要。

（二）促进企业人力资源管理工作的开展

人力资源规划对于促进企业人力资源管理工作的开展非常重要。通过人力资源规划，企业能够确定各种岗位的人员需求量，以合理配置人员。这些工作在没有人力资源规划的情况下很难完成。

人力资源规划为企业的人力资源管理活动提供了依据。它可以辅助其他人力资源政策的制订与实施，比如招聘、培训、职业设计和发展等。通过人力资源规划，企业能够更加有序、科学、准确地进行人力资源管理工作。

例如，在招聘方面，人力资源规划能够帮助企业确定需要招聘何种岗位的人员，

---

① 蓝明珠．基于企业战略的人力资源规划［J］．上海商业，2021（12）：92-93．

以及招聘的时间和数量。在培训方面，人力资源规划可以帮助企业确定培训的重点和内容，有针对性地提供培训方案。再如，在职业设计和发展方面，人力资源规划能够明确企业的人才储备和发展途径，为员工提供职业发展的机会和规划。

因此，人力资源规划对于企业人力资源管理工作的开展起到了重要的促进作用。它能够辅助其他相关政策的制订与实施，使企业的人力资源管理工作更加有条不紊、科学准确。同时，人力资源规划还能够确保企业在人力资源方面能够应对未来的挑战和变化，为企业的可持续发展提供保障。

（三）协调人力资源管理的各项计划

人力资源规划在协同和整合人力资源管理的各项计划方面发挥着重要作用。人力资源规划可以将人员招聘计划、员工培训开发计划、薪酬福利计划和激励计划等有机联系在一起，实现各项计划之间的协调性和一致性。

首先，人力资源规划结果可以作为制订薪酬计划的依据。通过对人力资源需求的预测，企业可以确定所需的人员数量和质量水平。这些数据可以用来制订薪酬计划，包括确定薪资水平和激励机制，以吸引和留住高质量的人才。

其次，人力资源规划与员工招聘直接相关。当企业内部供给无法满足预测的人力资源需求时，需要通过招聘新人来弥补缺口。人力资源规划结果可以提供招聘所需的人员数量和质量要求，确保招聘的匹配度和有效性。

最后，供需预测的结果也是员工培训需求确定的重要依据。通过与现有员工质量和所需员工质量的对比，可以确定培训的需求，提升内部人员的能力和素质，提高内部供给的质量。

总之，人力资源规划在协同和整合人力资源管理各项计划方面起着重要的作用。通过与其他职能部门的紧密联系，确保各项计划的一致性和协调性，从而提高人力资源管理的效率。

（四）提高企业人力资源的利用效率

人力资源规划在提高企业人力资源利用效率方面起着重要的作用。

首先，人力资源规划可以确保企业所需的人员数量。通过对未来需求的预测和对现有人力资源的分析，可以确定所需的人员数量，避免人力资源的短缺或过剩。这样可以确保企业能够拥有足够的人力资源来支持业务的发展，并避免因缺乏人才而造成的生产经营问题。

其次，人力资源规划可以控制企业的人员结构。通过对人力资源结构进行分析和调整，可以避免人力资源的浪费。例如，通过合理的人员配置和人员调配，可以避免某些岗位上人力过剩，而其他岗位上人力不足的问题。这样可以提高人力资源的利用效率，降低人力资源的成本。

最后，人力资源规划还可以确保企业拥有科学、合理、稳定的员工队伍。通过对人员结构和人才需求的分析，可以有针对性地进行招聘、培训和绩效管理等方面的工作，以建立起高素质、稳定的员工队伍。这样可以提高员工的工作效率和满意度，保证企业能够充分利用员工的潜力和才能来实现生产经营目标。

总而言之，人力资源规划在提高企业人力资源利用效率方面起着重要作用。通过控制人力资源的数量和结构，以及建立科学、合理、稳定的员工队伍，可以提高人力资源的利用效率、降低成本，并确保企业能够实现业务目标。

三、人力资源规划的要求

好的人力资源规划必须符合企业的经营目标和发展需要，吸引人才和增强员工向心力。此外，人力资源规划还需要与企业其他子规划相配合，并具备可操作性和现实性。

第一，人力资源规划必须与企业的经营目标相结合。只有将人力资源管理与企业的经营目标紧密对接，才能确保人力资源的配置、培养和激励与企业的发展需要相一致。这样可以使员工更好地理解和投入企业的使命和目标中，提高员工的工作动力和满意度，从而实现企业目标。

第二，人力资源规划必须与企业的发展相结合。企业的发展需要充足的高素质人力资源。因此，人力资源规划需要从长远的角度考虑，准确预测未来的人才需求，并制订相应的招聘、培养和留任计划，以保证企业能够持续发展。

第三，人力资源规划必须有利于吸引人才。企业需要通过招聘优秀人才来补充内部人才的不足，从而提高企业的竞争力。因此，人力资源规划应该制订相应的招聘策略和吸引机制，以及提供具有竞争力的薪酬福利，吸引和留住优秀的人才。

第四，好的人力资源规划必须具备可操作性和现实性。规划的制订需要从战略层面考虑，但必须具备可操作性，必须基于实际情况，与企业的现状相结合，不能是空洞的理论，只有这样才能确保规划的有效性。

第五，人力资源规划还需要与企业其他子规划相配合。例如，人力资源规划必须与财务规划相配合，确保有足够的预算支持人力资源的需求。同时，人力资源规划也需要与市场营销规划、生产规划等相协调，以确保各个方面规划的统一性和有效性。只有在满足这些要求的基础上，人力资源规划才能真正发挥其作用，推动企业目标的实现。

四、人力资源规划的方法

（一）需求预测方法

人力资源需求预测是企业发展规划和战略规划的核心和前提条件，可以更加准确地反映企业需求的变化，并能够及时调整和优化人力资源的配置。同时，考虑劳动生产率的提高、工作方法的改进，以及机械化和自动化水平的提高等因素也非常重要，在预测和规划过程中应进行综合考量，确保人力资源的合理配置以提高企业竞争力。

1. 经验预测法

经验预测法是一种主观预测方法，其基本原理是根据过去的经验预测未来的人力需求。这种预测方法依赖管理者的个人经验和能力，因此结果准确性不能保证。经验预测法仅基于历史数据和管理者的主观判断，因此通常只适用于短期人力资源需求预测，而在长期预测中往往需要结合更科学的方法和数据分析来提高预测的准确性。因此，在实际应用中，经验预测法往往作为其他预测方法的辅助手段，而不是主要的预测方法。

2. 微观集成法

微观集成法可以分为自上而下和自下而上两种方式，但在实际应用中，通常是综合运用这两种方式，即采用双向反馈的方法，在高层管理者和基层部门之间形成有效的沟通和协调机制。

在自上而下的过程中，高层管理者可以提供整体的战略方向和目标，并根据企业的战略计划和市场环境等因素进行总体的人力资源需求预测，然后，将这些预测结果下达给各个具体职能部门进行讨论和反馈，部门可以根据自身的业务需求和发展情况提出针对性的意见和建议。高层管理者在收集和整合这些意见后，可以修正和完善总体预测和计划。

在自下而上的过程中，各个部门可以根据自身的业务发展情况和人力资源需求，进行逐级的预测和计划。然后，人力资源部门负责对各个部门的需求进行横向和纵向的汇总，并结合整体的企业经营战略，制订总体预测方案。

通过这样的双向反馈机制，可以更准确地预测和规划企业的人力资源需求，从而更好地满足企业发展需要，提高人力资源管理的效率和准确性。

3. 描述法

描述法是一种人力资源需求分析方法，它通过对企业未来目标、环境变化和企业变革等因素进行描述和分析，以制订多种备选方案来满足未来的人力资源需求。描述法主要包括以下内容。

第一，描述未来目标和环境变化，通过与高层管理者和业务部门的沟通，了解企业的战略目标、预期变化和可能的内外部环境变化等因素，对这些因素进行描述和分析。

第二，假定未来需求，在对未来目标和环境进行描述的基础上，人力资源部门可以根据对市场趋势、技术发展、人力资源市场等的研究，做出对未来人力资源需求的假定。

第三，制订备选方案，根据对未来需求的假定，人力资源部门可以提出多种备选方案来应对未来的人力资源需求。这可能包括招聘与培训计划、外部合作或外包、内部员工发展和转岗等措施。

第四，评估和选择方案，评估备选方案，综合考虑各种因素，如成本、效益、风险和可行性等，选择最适合企业的方案。

第五，实施和监控，将选择的方案付诸实施，并对之进行监控和评估，根据反馈结果调整和优化。

通过描述法，人力资源部门可以对未来的人力资源需求进行有针对性地预测和规划，从而更好地应对企业的发展需求和变化。

4. 工作研究法

工作研究法也称岗位分析法，是一种根据具体岗位的工作内容和职责范围来确定工作量和最终确定人数的方法。在使用工作研究法时，假设在岗工作人员完全适岗，然后根据这一假设，对岗位的工作内容进行详细的研究和分析。

工作研究法的关键是在假设在岗工作人员完全适岗的前提下，制订出科学的岗位用人标准，这样才能准确评估岗位的工作量和确定所需人数。一个重要的基础是职位说明书，其中包含了详细的岗位职责、工作范围、岗位要求等信息。

当企业的组织结构相对简单，并且各个职责相对清晰时，工作研究法较为容易实施。通过工作研究法，企业可以更加科学地评估岗位的工作量和需要的人力资源，从而更好地进行招聘和人员配备，提高工作效率和企业绩效。

以上是一些常见的人力资源需求预测方法。每种方法都有其优点和缺点，具体选择哪种方法需要综合考虑企业的实际情况和需求特点，并结合相关数据和模型进行分析和预测。同时，随着人工智能的发展，也可以尝试运用机器学习和数据挖掘等技术来优化和改进人力资源需求预测方法。未来的人工智能发展也可能会带来更多创新，提供新的预测方法，提高人力资源需求预测的准确性和实用性。

（二）供给预测方法

人力资源供给预测是企业为了获得人力资源需求而对将来某个时期内企业从内外部所能得到的员工数量和素质进行的预测。通过人力资源供给预测，企业可以更好地规划和管理自己的人力资源，以确保在未来的发展中具备足够的合适人才。具体来说，人力资源供给预测技术主要有以下三种。

1. 人才盘点法

人才盘点法是对现有人力资源进行核查，了解企业内部人才数量、素质和分布情况。它主要适用于短期人力需求预测，但对于大企业来说，核查过程可能较为复杂。

2. 替换法

替换法是通过职位空缺来预测人力需求的方法。通过分析引起职位空缺的原因，如离职、辞退、晋升等，可以估计出人力资源需求量。同时，结合在职员工的职位变动，也可以进行人力资源供给的预测。

3. 计算机预测模拟

计算机预测模拟是利用计算机技术进行人力资源供需预测的方法。通过建立模型和模拟不同变量对未来人力资源供需的影响，可以预测并评估不同人力资源政策对人力资源供给的影响。这种方法适用于大规模的或者复杂的预测。

除了以上三种方法，还有一些其他人力资源供给预测方法，如机构分析法、市场调查法、人力资源需求成分分析法等，每种方法都有其适用的场景和优缺点，企业可以根据自身需求和实际情况选择合适的方法进行人力资源供给预测。

五、人力资源规划内容和程序

（一）人力资源规划的内容

人力资源规划是企业人力资源管理中非常重要的一环。它通过总体规划和业务计划，确保企业能够在预定的时间内，以适当的人力资源数量、质量和结构，满足企业战略和业务需求。总体规划主要包括人力资源数量规划、人力资源质量规划和人力资源结构规划，而业务计划则是对总体规划的分解和细化，包括人员补充、配置、接替和提升、培训与开发、工资激励、员工关系、退休解聘等计划。

人力资源数量规划是确定企业当前和未来所需人力资源数量的过程。它通过分析岗位需求、业务发展、人员流动等因素，预测出企业未来所需的人员数量，以便进行相应的人员招聘和配置活动。

人力资源质量规划则是确定企业所需人力资源素质和能力的过程。通过分析岗位要求、业务发展趋势、市场需求、员工绩效等，确定目前和未来所需的人才素质和能力水平，以便开展员工选拔、培训和发展计划。

人力资源结构规划是确定企业合理的人力资源层级和结构的过程。它通过分析组织架构、职能分工、员工流动等因素，确定企业在不同层级和岗位上所需的人员比例和结构配置，以便保障企业中不同层级的人员能够有效地协同合作，实现企业目标。

业务计划是在总体规划的基础上，将各项具体任务进行分解和细化的过程。它包括各种人力资源相关的业务计划，如人员补充计划、人员配置计划、培训与开发计划等，每个计划都有具体的目标、任务、政策、步骤和预算，用于指导和落实人力资源管理的各项具体实践和行动。

总之，人力资源规划的目标是确保人力资源在各个层面都能够满足企业的需求，并有效地配置和管理人力资源，以支持企业的长期发展和战略目标的实现。

（二）人力资源规划的程序

1. 准备阶段

主要针对企业内外部环境收集预测相关信息。由于影响企业人力资源供给和需求的因素有很多，为了能够比较准确地做出预测，就需要收集和调查与之有关的各种信息。这些信息主要包括企业内部信息和外部信息。企业内部信息包括企业组织结构、企业战略目标、企业价值观、现行人力资源政策、现有员工的一般情况、员工结构、人员流动情况，以及各职务或岗位对人员的经验、能力、知识、技能的要求等。企业外部信息包括劳动力市场的结构、市场供给与需求的现状、国家或地区的教育培训政策、劳动政策、劳动力择业心理等与整个外在劳动力市场有关的影响因素。

2. 预测阶段

预测阶段的主要任务就是在充分掌握信息的基础上，运用各种定性和定量的分析手段和方法，对企业在未来某一时期的人力资源供给和需求做出预测。在整个人力资源规划中，这是最为关键的一部分，也是难度最大的一部分，直接决定了人力资源规划的成败。

3. 实施阶段

在供给和需求预测出来以后，就要根据两者之间的缺口，通过人力资源的总体规划和业务规划，制订并实施平衡供需的措施，使企业对人力资源的需求得到满足。人力资源规划的实施，是人力资源规划的实际操作过程，要注意各环节之间的关系，特别要注意人力资源规划必须与企业中的其他规划相协调。其他规划往往制约着人力资源规划的实施，而人力资源规划的目的也是为其他规划服务。只有这样，制订的措施才能得以有效实施。

4. 评估阶段

评估的目的是根据实际情况调整预测的供给和需求，并评估制订的措施的准确性和有效性。人力资源规划的评估阶段非常关键。

在实施过程中，要随时关注内外部环境的变化，比如市场需求、技术发展、经济状况等因素的变化，及时修正原有的供给和需求预测。这样可以确保企业能够根据实际情况灵活调整人力资源配置，以满足企业的需求。

同时，还需要对已经实施的规划预测结果和措施进行评估，考察其准确性和有效性。评估结果应该包括对预测结果的分析，比较实际情况与预测结果的差异，并找出问题所在。同时也要评估制订的措施的有效性，看是否达到预期效果。

根据评估结果，可以及时调整原规划的内容。修正可能涉及供需预测的调整、人员的配置调整、培训和发展计划的改进等。通过及时修正，可以使人力资源规划更加贴近实际情况，更好地促进企业目标的实现。

评估并不是一次性的，而是一个持续的过程。通过评估，可以总结经验教训，为未来的规划提供借鉴，提高人力资源规划的准确性和有效性，更好地支持企业发展。

第二节　人力资源规划的问题

一、企业战略不清晰，目标不明确

在企业战略规划中，人力资源规划也占有一席之地。它不仅是企业各项管理活动的基础，而且也是其依据之一。但许多中小企业没有确立明确的企业发展战略和目标，这使得人力资源规划变得缺乏方向性，无法确定企业未来所需的核心能力和核心人才。企业步入快速扩张阶段时，通常会尝试进驻不同的业务领域，甚至涉足许多新兴产业。这些新兴产业尚未建立起完善的经验体系，无法在研发、生产、营销、管理及服务等各个环节中运用经验。对于一些新开发的项目，如固定职位和人员编制，其管理方式也并不像传统产业那样成熟。在人力资源管理方面，通常都是逐步摸索出来的。

一些企业的人力资源规划没有与战略发展目标相结合。由于缺乏对整体战略目标的深入理解，规划往往只是针对当前的人力资源需求，而忽略了未来的战略性需求，最终导致人力资源规划与组织长远发展不协调。

二、规划制订过程中缺乏沟通与协调

人力资源规划制订过程复杂而精密，必须全方位考虑，深入调研。规划人员需要从企业整体战略出发，与各部门进行充分沟通与协作，深入了解各部门人力资源需求情况，制订出切实可行的规划方案。然而，在实际情况中，部分中小企业的人力资源部门只依赖过去的数据，草率地制订计划。这种计划缺乏论证和可行性，因此难以实施。

三、缺乏人力资源规划的专门人才

在企业人力资源管理现状中，缺乏人力资源规划专门人才是一个普遍存在的问题。这主要体现在以下四个方面。

第一，缺乏人力资源规划专业知识。人力资源规划是指企业通过对人力资源需求和供给进行分析和预测，确定合理的人力资源配置和发展方向。但一些企业的人力资源管理人员缺乏相关知识，不了解人力资源规划的方法和工具，无法进行科学和有效地规划。

第二，重视短期利益而忽视长期发展。一些企业在进行人力资源管理时更注重眼前的短期利益，而忽视了长期的人才需求。他们往往只关注如何填补当前的空缺岗位，这导致了长期的人才储备不足或人力资源过剩等问题。

第三，缺乏对人力资源数据的统计和分析能力。人力资源规划需要对人力资源数据进行统计和分析，以进行准确的人力资源需求预测。然而，企业的人力资源管理人员缺乏这方面的能力，无法从数据中获取有关人力资源需求的有效信息，从而无法做出准确的规划决策。

第四，缺乏战略定位和发展的思维。人力资源规划需要从企业战略和发展的角度进行思考，对未来的发展目标进行规划。然而，一些人力资源管理人员只关注具体的人事管理工作，没有战略思维和企业的视野，无法将人力资源规划与企业整体的战略目标相结合。

四、对于人力资源情况的控制比较困难

由于人员流动性较大，各种各样的意外情况都可能会对企业的人力资源规划产生影响。企业的人事管理部门在核算人力成本时难以实现定量分析。同时，企业内部各部门在对人力资源规划进行制订时，需要对自身部门的利益加以考虑，所以常常会出现人员超编的现象，而公司领导则考虑公司的发展战略，尽可能降低人力资源的成本。

第三节　基于大数据的人力资源规划策略

一、树立大数据意识

大数据时代，培养大数据意识对人力资源规划是极其重要的。随着大数据技术的发展，数据已经成为企业决策的重要依据，包括人力资源规划在内。

首先，培养人力资源管理者的数据化意识。人力资源管理部门在人力资源规划中发挥着关键作用。人力资源管理者需要具备数据意识，了解数据在人力资源决策中的价值。通过培训和教育，人力资源管理者可以学会收集、分析和解读数据，从而制订更准确和有效的人力资源规划策略。

其次，数据化意识覆盖每个部门。人力资源管理部门需要将数据化意识传达给企业的各个部门。不仅仅是人力资源管理部门，每个部门都需要意识到数据在决策过程中的价值和意义。这可以通过培训、沟通和分享最佳实践来实现。数据驱动的企业文化可以鼓励员工积极参与数据收集和分析，为人力资源规划提供更准确的数据支持。

最后，强调数据的重要性和价值。企业员工应该认识到数据的重要性，并积极投入数据收集和分析中。他们需要了解数据对决策的影响，并懂得收集和使用数据来优化人力资源规划。企业可以通过培训、奖励等方式激励员工参与数据驱动的人力资源规划。

总而言之，大数据意识的培养对于企业的人力资源规划至关重要。它可以提

高企业人力资源决策的准确性、效率和竞争力，为企业的可持续发展提供强有力的支持。

二、积极搭建数据化平台

搭建数据化平台在人力资源规划中的应用非常有潜力和优势。数据化平台在人力资源规划中的应用可以提供实时和准确的数据支持，同时提高企业效率和决策准确性，减少资源浪费。这将有助于企业建立更具竞争力和适应性的人力资源管理体系。然而，建立一个符合企业实际的数据化平台需要仔细考虑技术和资源投入，并确保数据和隐私安全。

首先，数据化平台记录员工信息。通过数据化平台记录员工的出勤、工作绩效、薪酬等信息，可以实现工作数据的统计和共享。这样的记录不仅可以提供实时和准确的员工信息，为人力资源规划提供可靠的数据支持，还能减少人力资源管理部门在调查人力资源现状时所需的人力和财力。

其次，对员工进行绩效评价及能力分析。数据化平台能够记录对员工的绩效评价，实现对员工工作能力的分析。这样可以帮助管理人员了解每个岗位员工的能力状况，并作为人力资源规划的依据进行岗位需求的预测和员工的合理分配。

再次，对管理人员的支持。数据化平台还能记录管理人员制订的企业目标和计划，并及时传递给员工，实现目标和计划的共享和进度把握。这为管理人员提供了有效的信息支持，帮助他们进行企业战略设计和研讨，并根据数据进行人力资源的需求和供给预测。

最后，对人力资源规划的支持。基于数据化平台的数据分析，人力资源管理部门可以及时发现任务量过大的情况，并采取相应的招聘策略来补充人员。此外，通过数据化平台还可以方便地进行绩效管理、员工培养和薪酬管理，以确保员工的能力提升和动机激励，并根据数据对考核不达标的员工进行再培训或调岗等。

第五章　基于大数据的人力资源招聘实践

基于大数据的人力资源招聘工作在企业中具有重要意义。通过大数据分析，企业能够更准确地评估求职者的背景、能力和潜力，从而招聘到更加合适的员工，提高人力资源的质量和效益。本章围绕人力资源招聘概述、人力资源招聘的问题、大数据在人力资源招聘中的应用等内容展开研究。

第一节　人力资源招聘概述

一、人力资源招聘的含义及意义

（一）人力资源招聘的含义

所谓人力资源招聘，是指企业根据人力资源规划，通过一定的程序和方法，把具有一定技巧、能力的人吸收到企业空缺的岗位上，以满足企业人力资源需求的过程[①]。招聘工作作为人力资源管理的源头，直接影响企业人力资源管理的其他环节。

（二）人力资源招聘的意义

1. 招聘工作是企业获取人力资源的重要手段

招聘的直接目的就是获得企业需要的人才。招聘工作的质量直接决定着人力资源输入的质量。企业的竞争说到底是人才的竞争，企业只有通过人员招聘，才能获得优秀的人力资源，才能保证各项工作的正常开展和企业的长远发展。

---

① 石文．企业做好人力资源规划的相关思考［J］．质量与市场，2020（21）：91-92.

2. 招聘工作影响着人力资源的流动

企业人员流动会受到多种因素的影响，招聘工作是其中一个重要的因素。招聘时，招聘人员应和应聘者之间有充分的沟通。一方面，企业要了解应聘者的求职动机，选出和企业价值观、企业文化相吻合的员工；另一方面，应聘者要了解企业的战略目标、经营状况、价值观和文化等，双方如果能沟通充分，就能有效降低人力资源的流动率。

3. 招聘工作是企业树立社会形象的重要渠道

招聘工作需要有严密的策划。招聘时，企业要和人力资源中介机构、新闻媒体、高等院校和政府部门等多方联系，招聘人员素质的高低和招聘工作的成功与否都会影响外界对企业形象的评价。企业利用精心策划的招聘工作，向应聘者展示企业的实力和发展前景，同时表明企业对优秀人才的渴望。因此，成功的招聘工作，将使企业在应聘者心中留下美好的印象。

二、人力资源招聘的原则

为把招聘工作做好，真正选到企业所需的人员，在招聘过程中就必须按照人力资源管理的客观规律办事，遵循反映这些客观规律的科学原则去开展工作。这些原则如下。

（一）能级匹配原则

招聘应该本着因职选人、因能量级的原则，既不可过度追求低成本，造成小材大用，也不可盲目攀比，造成大材小用。小材大用会耽误工作，而大材小用则会导致学历虚高或是人才高消费。能级匹配原则要求在招聘中"不求最好，但求合适"，即在合适的基础上要给岗位胜任度留有一定的空间，挑选既能较大程度满足岗位能力需求，又能具备一定的提升空间和培养潜力的人才，使其"永远有差距，永远有追求"。坚持能级匹配原则可以有效提高人员稳定性，减少员工流失率。

（二）用人所长原则

所谓用人所长，是指在用人时不能够求全责备，管理者应注重发挥人的长处。完全意义上的"通才""全才"是不存在的，即使存在，企业也不一定非要选择这种"通才"，而是应该选择最适合空缺职位要求的候选人。

可招可不招时尽量不招，可少招可多招时尽量少招。招聘来的人不一定能充分发挥其作用，而企业则是创造效益的集合体。因而，制订招聘决策时一定要树立"宁缺毋滥"的原则，一个岗位宁可暂时空缺，也不要让不合适的人占据。

三、人力资源招聘的程序

招聘工作是一项系统工程。从广义上讲，人员招聘包括招聘准备、招聘实施和招聘评估三个阶段。狭义的招聘仅指招聘的实施阶段，主要包括招聘、选择、聘用三个步骤。在此重点关注广义的人员招聘程序。

（一）招聘准备阶段

人力资源招聘的准备阶段是非常重要的，它包括以下几个方面的准备工作。

确定招聘需求。明确企业的人力资源需求，包括招聘的职位类型、数量以及所需的技能和经验等要求。与相关部门进行沟通，了解招聘职位的具体需求和背景。

制订招聘计划。根据招聘需求，制订招聘计划，确定哪些职位需要招聘、招聘时间表、招聘渠道等。制订招聘计划可以让招聘工作更有条理和针对性。

准备招聘材料。准备招聘相关的材料，包括招聘广告、岗位描述、招聘流程、面试尺度等。确保招聘材料准确、完整，并能吸引目标人群的关注。

确定招聘渠道。根据岗位要求和企业需求，选择合适的招聘渠道。招聘渠道可以包括职业网站、招聘网站、校园招聘、员工推荐等途径。针对不同的职位和特殊要求，可以选择更具针对性的渠道。

招聘预算规划。制订招聘预算，包括招聘广告费用、中介费用、差旅费用等，确保招聘活动有足够的经费支持。

建立求职者评估标准。制订求职者评估标准，包括简历筛选、面试评分、背景调查等方面。建立明确的评估标准可以提高招聘的准确性和公正性。

培训面试官。进行面试官的培训，让面试官了解企业的招聘标准、面试技巧和评估方法。确保面试官能够准确评估求职者的能力和适应度。

准备面试场地和设备。这包括面试室、面试桌椅、音视频设备等，确保面试过程的顺利进行。

在准备阶段，需要对招聘工作进行全面规划和准备，以确保招聘活动的顺利进行和取得良好的招聘效果。

（二）招聘实施阶段

招聘工作的实施是整个招聘活动的核心，也是最关键的一环，先后经历招聘、选择、聘用三个步骤。

1. 招聘阶段

在选择招聘渠道和方法时，企业需要根据用人需求、招聘目标和目标人群的特点进行综合评估和决策，以达到最佳的招聘效果。此外，可以结合相关的大数据分析和市场研究，了解招聘目标人群的喜好和习惯，选择更为准确和高效的招聘途径。在招聘阶段，选择合适的招聘渠道和方法是非常重要的。常见的招聘渠道可分为以下六类。

一是在线招聘平台：如智联招聘、前程无忧等，这些平台可以广泛覆盖到求职者群体，提供大量招聘信息和简历库，方便企业筛选和联系求职者。

二是社交媒体招聘：利用微信、微博等社交媒体平台，发布招聘信息、进行招聘宣传，并通过社交网络扩大招聘的影响力。

三是校园招聘：定向招聘毕业生和实习生，参加大学的招聘会或者与学校合作开展校园招聘活动。

四是媒体广告招聘：通过报纸、杂志、电视、广播等媒体发布招聘广告，吸引更多潜在求职者的关注。

五是内部推荐：通过员工内部推荐，可以找到潜在的高质量求职者，同时增强员工的参与感和凝聚力。

六是猎头招聘：委托专业猎头机构，通过他们的专业网络和渠道寻找高层次、高技能的人才。

2. 选择阶段

在招聘的选择阶段，事先制订招聘标准和评估标准，遵循公正、公平、透明的原则，确保评估过程的科学性和客观性。同时，也可以根据具体情况和招聘需求，灵活结合多种方法，以获得更全面准确的评估结果。通过对求职者进行评估和分析来挑选最适合岗位的人员。以下是五种常见的人员选拔方法。

一是初步筛选。根据招聘要求和岗位需求，对收到的简历进行筛选，将不符合要求的简历初步剔除。

二是笔试。可以通过笔试考查求职者的专业知识、技能和能力，如职业技能测试、知识测试等，来评估求职者的能力水平。

三是面试。面试是最常用的人员选拔方法之一。通过面试，可以进一步了解求职者的工作经验、态度、沟通能力等。可以设置不同形式的面试，如个人面试、群面、小组讨论等，以全面评估求职者。

四是心理测验。通过心理测试，评估求职者的个性特点、心理素质、适应能力等。常用的心理测试包括性格测试、智力测试、职业倾向测试等。

五是评价中心。评价中心通过多种评估方法和工具，如集体讨论、角色扮演、案例分析等，全面、系统地评估求职者的能力、潜力。

3. 聘用阶段

聘用阶段是招聘过程中的最后一步，其目标是为了将合适的求职者聘用并进行安置。在聘用阶段主要涉及以下内容。

聘用决策。根据选拔阶段的评估结果和招聘要求，招聘者对求职者进行综合考虑和比较，做出是否聘用的决策。这一决策需要综合考虑求职者的能力、经验、背景，以及与企业需求和职位要求的匹配度等因素。

发聘用通知。一旦决定聘用某位求职者，招聘者会向求职者发出聘用通知书，明确聘用条件、薪酬、工作地点、入职时间等信息。求职者收到聘用通知后，可以确认是否接受聘用。

办理聘用手续。一旦求职者接受了聘用，企业会与求职者签订雇佣合同或劳动协议，并办理一些必要的手续。这可能包括填写入职表格、办理员工身份证明、银行账户开设等。

员工初始安置。为了让新员工顺利入职，企业需要对其进行初始安置。包括提供相关的员工手册、介绍企业文化和价值观、安排入职培训等。

试用期。许多企业在聘用员工后设立试用期。试用期给予雇主和雇员一定的时间来互相了解、适应和确认。在试用期结束后，根据员工的表现和工作需求，可以决定是否正式聘用该员工。

正式聘用。试用期结束后，如果员工表现良好，符合企业的要求，雇主可以决定正式聘用员工，并在合同上注明其成为正式员工的日期。

在聘用阶段，招聘者和求职者都要仔细考虑自己的选择，并做出最终的决策，确保人岗匹配。同时，招聘者还需要确保整个聘用过程的合法性、公平性和透明性。

（三）招聘评估阶段

招聘聘用工作结束后，还应该有评估阶段。这主要包括两个方面：一是对照招聘计划对实际招聘结果（数量和质量两方面）进行评价总结；二是对招聘工作的效率进行评估，主要是对时间效率和经济效率（招聘费用）进行评估，以便及时发现问题，分析原因，寻找解决的对策，及时调整有关计划，为下次招聘总结经验教训。

四、影响人力资源招聘工作的因素

影响人力资源招聘工作的因素虽然有很多，但从来源看不外乎企业外部、企业内部和求职者个人三方面，这些因素影响着企业招聘人员的来源、招聘方法、招聘标准和招聘效率等。

（一）外部因素

1. 国家的政策法规

国家的法律法规和政策规范对企业的招聘活动有明确的限制和约束作用，以保障劳动者的权益和促进平等就业。例如，我国《中华人民共和国劳动法》规定了劳动者平等就业和选择就业的权利，要求企业在招聘过程中不得歧视劳动者的民族、性别、宗教信仰等。这意味着企业在招聘时不能有性别歧视、种族歧视或年龄歧视等特殊规定，除非这些要求是具体职位的合理要求。这样的规定确保了劳动者的平等就业权利，防止其受到不公正对待。

此外，国家还制定了一系列法律法规和政策，以规范招聘行为，例如，《中华人民共和国劳动合同法》《中华人民共和国就业促进法》等。这些法律法规对劳动合同的签订、薪酬、工时、劳动条件等方面有具体规定，以确保劳动者在招聘过程中的权益得到保障。

2. 劳动力市场的状况

劳动力市场的人才供求状况在很大程度上影响了企业招聘的效果。当劳动力比较富足、处于供大于求的状况时，企业在招聘时选择的余地就会比较大，成功的概率也比较高；相反，如果人才比较紧缺，则招聘的难度就会增加。另外，劳动力市场的发展状态对招聘也有很大影响。一般而言，一个国家和地区的劳动力市场越发达，市场对人才的配置作用越强，企业招聘成功的可能性就越高。

3. 竞争对手的政策

求职者在求职时通常会进行行业和企业多方面的比较，在权衡待遇、发展前景和企业文化等因素后才做出最终决策。如果竞争对手的招聘政策更具有竞争力，则会客观上加大招聘的难度，影响招聘的效果。因此，要了解竞争对手的招聘政策，在企业自身可承受的能力范围内取得比较优势。

4. 技术进步的状况

技术进步对招聘的影响，主要体现在以下三个方面。一是技术进步引起招聘职位分布及职位技能技巧要求的变化；二是技术进步对招聘数量变化的影响；三是技术进步对求职者素质的影响。随着技术进步，行业、产业等的分布和就业职位需求的分布也会发生相应变化。

（二）内部因素

1. 企业的实力和形象

良好的企业形象能够对求职者产生积极的影响，激发他们对空缺职位的兴趣。因此，企业在公众中的形象越好，就越容易吸引大批的求职者。大型跨国企业、知名品牌大公司，都能凭借自己的实力吸引大量的求职者。实力较强的企业，能够给员工提供较好的物质待遇和完善的福利保障，以及培训学习的机会和良好的自我发展空间，这都是吸引人才的重要因素。

2. 企业和职位的要求

企业与职位要求的不同会直接影响招聘工作的策略和重点，从而影响人才的选择和招聘效果。招聘工作需要根据企业和职位要求的具体情况来确定合适的策略和方法，以确保能够吸引适合企业需求的人才。

当企业处于扩张阶段时，对劳动力的需求很旺盛，招聘工作将主要关注数量方面的需求。在这个阶段，招聘工作会更加注重扩大招聘规模，以满足企业的人力资源需求。

而当企业处于收缩阶段时，工资率和劳动力需求都会下降，招聘工作的重点会转向质量方面。招聘工作会更加注重筛选合适的人才，以提高企业的整体素质和竞争力。

此外，企业的工资率上升会导致成本上升，产品需求下降，进而降低劳动力需求。这时企业可能会减少劳动投入比重，采取更精确的人员选择策略，以提高效率和降低成本。

3. 招聘的预算

招聘要兼顾成本和效益两个方面，既要保证企业在规定的时间内招到合适的人才，又要尽量降低招聘的成本。因此，招聘预算直接影响招聘效果。如果企业招聘资金很充足，发布招聘信息时就可以选择影响力更大的媒体。相反，有限的招聘资金会使招聘渠道和方法的选择大大减少，从而影响招聘的效果。

（三）求职者个人因素

1. 求职者的教育背景和家庭背景

毋庸置疑，求职者的教育背景对职业选择有着重要的影响，进而影响企业的招聘。这种影响表现在：求职者所学专业是他选择职业的主要影响因素；受教育程度的高低是职业择业期望值的重要影响因素。求职者受教育程度越高，越趋向于选择较高的职位，很难"低就"；反之，求职者对职位的期望值就较低。

求职者的家庭背景对求职者择业的影响表现为其家庭成员的职业、家庭经济状况、家庭教育等对求职者的影响。例如，我们经常可以见到的"教师之家""艺术世家"等，都证明了家庭背景对求职者择业的影响。

2. 求职者的经济压力

求职者的求职动机与经济压力之间成正比关系，在职人员的求职动机远比没有工作的人要弱，因为他们的经济压力相对较小。除了求职者是否有工作之外，求职者的个人经济状况和家庭条件等也决定经济压力的大小，进而影响企业的招聘。

3. 求职者的工作经验

从企业方面来看，招聘有经验的人员可以在短时间内给企业带来效益，用人单位也不必花费成本重新培养人才，节约了企业经营成本。接受过多种专业训练或有着多年相关工作经验的求职者，对职位的要求会高于没有相关经历和技能的求职者。

4. 求职者的职业期望

每一个求职者都有自己的职业期望，有的人期望高一些，有的人期望低一些；有的人胸怀大志，有的人不求上进；有的人好高骛远、不切实际，有的人脚踏实地。但不管怎样，这些期望都会影响求职者的择业，进而影响企业的招聘。

第二节　人力资源招聘的问题

本节从人力资源规划不合理、招聘工作分析不完善、招聘渠道较为单一这三方面阐述人力资源招聘的问题。

一、人力资源规划不合理

恰当的人力资源规划对于企业的发展至关重要，许多企业在人力资源招聘方面倾向于使用传统的方式，如笔试和面试相结合的方式来筛选人才。然而，这种方式往往不能满足企业的发展需求，存在明显的局限性。缺乏规范性和战略性的人才招聘规划导致招聘效果达不到预期，既浪费企业资源，又无法招聘到所需的人员，这对企业的战略规划和发展不利。如果企业管理者只关注眼前利益而忽视长远利益，必然给企业的长远发展带来困难。为了扩大生产规模，许多企业常常会大量招聘人员，但缺乏完整的招聘计划，导致人才储备和人才开发存在明显偏差，缺乏全局观与主动性。具体问题如下。

第一，人才储备不足。缺乏规范性和战略性的人力资源规划导致企业招聘难以满足对人才的需求。没有明确的人才储备计划，企业就招聘不到合适的人员，给企业的发展带来不利影响。

第二，招聘成本高昂。缺乏人力资源规划的企业可能会过度招聘，导致招聘成本的急剧增加。没有明确的招聘计划和策略，企业可能花费大量资源在不必要的招聘上，造成资源的浪费。

第三，招聘岗位与企业需求不匹配。由于缺乏规范性的招聘计划，企业可能会招聘到与企业需求不匹配的人员。企业招聘过程中主要以笔试和面试为主要手段，但这种方式不能全面评估和了解求职者的能力、潜力和适应度。这可能导致招聘到的人才与企业文化、战略目标和岗位需求不相符，最终影响企业的效益和发展。

二、招聘工作分析不完善

招聘工作分析不完善会导致企业人才招聘偏差。在企业招聘过程中，为了有效找到所需人才，需要通过适当的工具和方法对员工进行系统化测评。科学高效的人才测评可以为企业避免用人风险，带来更大效益。对于新员工来说，在适合的岗位上成长为优秀人才非常重要。然而，许多企业忽视招聘过程中的员工反馈管理，无法带来好的招聘效果。同时，企业招聘过程中，仅关注求职者的学历而忽视其他，会导致人才招聘与企业所需无法有效对接，给人才招聘带来负面影响。因此，在招聘工作中，应该关注人才测评和反馈管理，确保招聘工作和职位需求有效对接。

三、招聘渠道较为单一

人力资源招聘存在着诸多问题，其中一个显著问题是招聘渠道单一。目前，许多人力资源仍然依赖于传统的招聘理念。即使在网络上开展招聘，采用的招聘模式仍然是以传统方式为主，只是将线下的招聘活动转移到线上，并不能真正利用网络技术进行人才筛选。另外，一些企业因专业岗位的特殊性，招聘信息相对单一，招聘难度加大，需要采取更加积极主动的方式。许多公司在招聘人才时，倾向于采用传统的内部提升方式。具体问题如下。

第一，人才资源有限。依赖单一渠道招聘可能会使企业无法获取更广泛的人才资源。如果只依赖某个特定渠道，可能会错失许多有潜力的求职者。

第二，技能匹配困难。不同的招聘渠道可能吸引不同类型的求职者。如果企业只依赖某一种渠道，则无法满足企业的需求。

第三，缺乏多样性。单一招聘渠道可能会导致团队缺乏多样性。多样性是提高创新和决策质量的关键因素，而只依赖单一渠道可能无法达到这个目标。

第四，高成本。有些招聘渠道可能需要支付高额费用，如果企业只依赖这种渠道，可能会增加招聘成本。

第三节　大数据在人力资源招聘中的应用

一、大数据在人才搜索工作中的应用

现代社会，企业间的竞争归根结底是人才的竞争，企业招聘人才乃是人力资源部门的首要任务。传统的招聘一般遵循下面的步骤。首先是人才需求部门向主管部门做出报告。其次是在公司门户网站张贴招聘信息。当求职者发现信息，引起兴趣时，他们会将简历发过来。最后，企业人力资源部会筛选求职者的简历，面试求职者，直到找到合适的人才。在选择过程中，除了教育、职业经验等硬指标外，实际上面试官的经验发挥了重要作用。但现实表明，这么做主观性很强。现在，大数据可以很好地纠正这一点。大数据提供的是一个内容更加广泛的招聘工作平台。公司通过分析汇集到的社交网络上的简历信息，可以寻找到更多更加丰富有关求职者的信息，包括个人视频图像、生活条件、社会关系、特殊能力等，使求职者的形象变得更加生动。这无疑将有利于企业实现准确的"人岗匹配"。

二、大数据在人才数据处理中的应用

在当前的人力资源管理技术中，人才评价已经越来越受重视。目前，评价过程较多采取专家评估的形式，采用综合评价的方法，但这些方法都很主观。鉴于此，研究人员研究了多种利用大数据的方法。发达国家在这方面运用较多，发展中国家运用较少。然而，利用大数据分析确实可以有效处理数据，从而更好地满足企业需求。

三、大数据在人才数据挖掘中的应用

数据挖掘技术是个强有力的工具，它可以帮助企业找到合适的规则来指导工作。例如，数据挖掘中的分类技术，通过分析企业现有员工与求职者的关系，能对招聘工作起到一定的指导作用。例如，在数据库中随机选出测试样本，对数据进行预处理，构建出人才招聘的数据模型。人才测评是招聘工作的重要环节之一，但目前企业的人才测评算法还不够成熟。利用大数据可以避免人才测评中的一些问题，弥补当前算法中不成熟的地方，从而为人才选拔提供帮助。

大数据可以从大型的人力资源数据库中挖掘出人才的一些隐匿信息，帮助企业招聘决策人员找到数据间潜在的联系，从而更有效地进行人才测评。

四、大数据在人力资源招聘中的应用价值

大数据背景下的招聘，是在分析大量数据的基础上，通过提取和分析有价值的数据，做出招聘方向、策略选择，实行目标定位，以提供更全面和准确的信息来辅助招聘决策。以下是大数据招聘的应用价值。

（一）整合招聘信息渠道

大数据招聘管理系统可以提高招聘的效率、准确性和效果，帮助企业更好地管理和利用招聘数据，提高人才的匹配度和招聘决策的科学性。

第一，信息整合和搜索优化。大数据招聘管理系统可以将各个渠道发布的招聘信息进行整合，统一管理和搜索。这样可以提高搜索信息的效率和准确性，帮助企业更快找到符合条件的求职者。

第二，流程规范化和标准化。系统可以定义和执行招聘流程，帮助人力资源部门和业务部门按照规范化和标准化的流程进行招聘。这可以提高招聘过程的可控性和一致性。

第三，渠道信息整合。大数据招聘管理系统可以整合各个渠道的招聘信息，

包括招聘网站、社交媒体、校园招聘等。这样可以避免信息碎片化和重复发布，扩大信息的覆盖范围。

第四，提高协作效率。系统提供了协作工具，如协作平台、任务分配和跟踪等功能，帮助人力资源部门和业务部门更好地协作。这样可以提高沟通效率，减少信息传递和工作重复，加快招聘流程和决策的速度。

第五，数据分析和报告。大数据招聘管理系统可以收集和分析各种招聘数据，如求职者画像、渠道效果、招聘流程指标等。这样可以帮助企业发现问题、优化流程和决策，提高招聘效率。

（二）降低招聘成本

大数据用于招聘可以降低招聘成本并提高效率，同时提供更准确的人才匹配方案和预测，有助于企业找到合适的人才。例如，通过招聘管理系统，企业可以将招聘信息统一管理，实现招聘资源共享，避免重复投入资源，降低招聘成本；远程视频面试可以帮助招聘人员与求职者进行面试，节省时间和金钱，减少由于地理位置不同而产生的旅行和住宿花费；通过大数据分析，招聘人员可以根据过去的招聘数据和求职者信息，进行人才需求预测和人才匹配度分析，减少低效的招聘环节，节省招聘成本；实现自动化招聘流程，将招聘流程数字化和系统化，通过自动化招聘系统来处理简历筛选、面试安排和通知等流程，降低人力成本和时间成本。

（三）提高招聘质量

在实际应用中，大数据通过分析每个岗位的胜任特征，将人才能力、素质进行量化模型匹配，通过数据计算得出较为科学的得分模型。这种分析模型可以基于多个指标来评估求职者的能力、经验、学历等，将这些指标进行加权计算，得出综合的匹配得分。通过这样的方法，招聘人员可以更快速、更准确地找到与岗位要求高度匹配的目标人群。

总的来说，大数据有助于提高招聘质量，可以避免主观因素的干扰，提供科学依据，提高招聘的准确性和可预测性。同时，它也能减少招聘人员的工作量、降低时间成本，使招聘流程更高效。

（四）实现招聘工作量化管理

大数据在人力资源招聘中的应用可以实现对招聘工作的量化管理，并为整个企业的人力资源管理提供指导和参考。

借助大数据分析，可以对招聘条件的筛选、招聘计划的制订、招聘方式的选择及招聘目标的确定等各个环节进行量化分析。通过分析大数据中的趋势和模式，管理层可以更准确地制订招聘策略，从而提高招聘效果。

另外，借助大数据可以建立一个将各种招聘渠道整合起来的平台。由于招聘渠道的多元化和碎片化，企业往往需要同时使用多个渠道来寻找合适的人才。大数据分析可以帮助企业在更大范围内锁定、筛选人才，并预测其离职倾向和入职后的培养情况。通过及时发现和解决人力资源管理中存在的问题，提高整个人力资源管理的水平。

第六章　基于大数据的人力资源考核实践

随着大数据时代的到来，企业的人力资源考核体系应根据自身发展目标和发展阶段，以战略目标为导向，构建数据化、智能化的考核操作体系，使企业人力资源考核呈现出新面貌。本章围绕人力资源考核概述、人力资源考核的问题、基于大数据的人力资源考核策略等内容展开研究。

第一节　人力资源考核概述

一、人力资源考核的含义

人力资源考核即绩效考核，是指企业在既定的战略目标下，按照一定的标准评估员工过去的工作行为及取得的工作业绩，并运用评估的结果对员工将来的工作行为和业绩产生正面引导的过程和方法。

明确这个概念之后，可以明确绩效考核的目的及重点。企业在制订发展规划、战略目标时，为了更好地完成这个目标，需要把目标分阶段分解到各部门，最终落实到每一位员工身上，也就是说每个人身上都有任务。绩效考核就是对企业人员完成目标情况的跟踪、记录。

人力资源考核是企业在发展中必备的管理职能，对于企业而言具有重要的现实意义。首先是衡量员工是否称职的重要工具，能够提前发现能力素质不达标的员工，以做好事前控制准备工作。其次是能够有效进行人才发掘，选拔出有能力、对工作有激情的员工，并将其安排到更加重要的工作岗位上。最后是通过绩效考核的结果，对员工实行相应的奖惩，起到激励作用。

二、人力资源考核的内容

人力资源考核的内容基本包括以下几个方面。

一是绩效考核。绩效考核是人力资源管理中最常见的考核内容之一。它用于评估员工在工作中的表现和业绩,通常会根据岗位的要求和设定的目标进行评估。绩效考核可以包括定量和定性的评估指标,如工作质量、工作效率、团队合作、创新能力等。

二是培训与发展。培训与发展考核是评估员工在学习和发展方面的表现。它关注员工的学习能力、职业发展规划、参与培训和学习的积极性等。培训与发展考核可以通过员工的学历、职业资格证书、培训记录、项目经验等来评估。

三是职业素养。职业素养考核是评估员工的职业道德、职业操守和沟通能力等方面的表现。它关注员工的职业道德、工作态度、与同事和上级的合作关系等。职业素养考核可以从员工的行为表现、项目反馈、职业道德等方面进行评估。

四是领导能力。领导能力考核是评估管理人员的管理能力和领导风格。它关注管理能力、决策能力、团队建设能力、沟通能力等。领导能力考核可以通过员工的团队表现、反馈或直接上级评估等方式进行评估。

五是离职率和留职率。离职率和留职率是评估人力资源管理的重要指标之一。它可以反映员工对企业的满意度、离职原因和留职动力等。离职率和留职率可以通过员工离职调查、离职面谈、员工满意度调查等方式进行评估。

以上内容只是人力资源考核中的一部分,具体的考核内容和方式可以根据企业的实际情况和需要进行设计和调整。人力资源考核的目的是评估员工的表现、发现问题、解决问题,为企业制订合理的人力资源管理策略提供依据。

第二节　人力资源考核的问题

一、对人力资源考核体系认识不正确

当前,不少人对考核的认识存在偏差,认为绩效管理就是对员工在过去一段时间的工作表现评价打分,并依据结果,实行奖惩,即将绩效考核看作了优奖劣罚的行政手段。如果这样来认识考核,那么将很容易走向歧途,产生种种新问题。

人力资源考核是人力资源管理的一个必不可少的环节。其目的是，通过对员工业绩的评价，使之认清自己对企业的贡献大小，自身的知识、能力，明确今后的努力方向和改进方向，进一步提升工作水平。简而言之，绩效考核不仅使每个员工认清了自己，也为企业发展提供了保障。

二、指标设计的指导思想不够明确

选择什么样的考核指标是绩效管理中的一个重要问题。绩效指标中有一部分应该与工作产出直接相关，也就是直接对员工工作结果的评价。国外有的管理学家将这部分绩效称为任务绩效；另一部分绩效指标是对工作结果造成影响的因素，但并不以结果的形式体现出来，一般是工作过程中的一些表现，通常被称为行为绩效。任务绩效通常可以用质量、数量、时效、成本、他人的反馈等指标来进行评价，行为绩效通常用行为性的描述来进行评价。这样就使得绩效考核的指标形成了一套体系。

绩效考核周期的设置要合理。考核周期就是指多长时间进行一次考核。多数企业是一年进行一次评价，也有一些企业一个季度或者半年进行一次，还有一些企业一个月进行一次。对于任务绩效的指标，根据经验，大多数人员可以采取半年或一年考核一次的做法。而对于一些带有生产性质的人员，则可以缩短考核周期，以便及时对他们的工作进行评价。考核周期较短的好处是：一方面，在较短的时间内，对工作产出有较清晰的了解，如果等到年底再进行，恐怕就只能凭借主观的感觉；另一方面，有利于及时解决工作中存在的问题。

必须建立以绩效为导向的企业文化。企业的存在就是为了创造价值，满足社会大众的需要。所以，企业里的每个人都要创造价值。个人的价值必须通过实实在在的绩效得以体现。良好的企业文化，既包括为员工营造一种积极上进的工作氛围，也包括能够带动员工努力创造价值的绩效考核制度。

三、考核标准的设计尚缺乏科学性

在一些企业中，还存在考核标准不清晰、以主观代替客观的现象。不难想象，使用不完善甚至不相关的标准对员工进行考核，得到的结果也必然是不客观、不公正的，也不会得到被考核者的认同。有的企业在进行人力资源考核时，只是做单向的考核，即上司对下属的审查式考核。如果考核者与被考核者之间存在私人利益、感情冲突，那么，非客观因素势必将影响考核结果，产生偏差。有些企业不愿意将考核的结果反馈给被考核者,搞"暗箱"操作,使被考核者无所适从,不知自己哪些方面的工作表现需要改进。

究其原因,一是考核时仅凭领导意志,没有客观标准,考核结果引起下属反感;二是考核者不了解考核的意义,企业没有良好的沟通习惯和氛围。有的考核指标设计缺乏科学性,如定性指标过多,加大了主观随意性。在考核等级划分上,虽然存在"优秀""称职""基本称职"及"不称职"四个档次,但是该类等级的划分,缺乏具体的量化标准。

四、对绩效考核数据缺乏深度分析

在人力资源专业化的过程中,数据分析扮演着至关重要的角色,它使得人力资源管理的理念、技术及技巧更加科学化。目前,绝大多数企业无论是人员的招聘,还是绩效管理,都缺乏数据意识,缺乏对数据的有效处理和运用。若是将数据资源有效挖掘和运用,构建起数据模型,将会对人力资源管理水平,特别是绩效考核质量产生质的提升。过去,由于缺少数据收集的工具,人力资源管理部门只能依靠人事档案、简历中的有限文字记录获得一些对员工的基础认识。现在则不然,我们已经可以凭借计算机、各类网站、社交平台获得大量数据,如果人力资源管理部门掌握了科学的数据分析方法,能够凭借多维数据,对员工进行绩效评价,就可以得出更为深刻的认识,从而得出更加准确的结论,使个人与企业整体都得到发展。

第三节 基于大数据的人力资源考核策略

在大数据时代,人力资源考核正经历着深刻变革。利用大数据技术,企业可以更全面、更精准地收集与员工相关的数据,包括其工作表现、能力、潜力等多个方面的信息。这使得人力资源部门能够设计出更为科学、更为个性化的考核指标,更好地反映员工的实际价值和潜力。通过运用可视化数据分析技术,比如标签云、历史流和空间信息流等,可以将复杂的数据转化为直观的图形和流程,帮助人力资源部门更快速、更准确地理解数据,更客观、更高效地评价人才。

一、建立人力资源考核大数据系统

基于大数据的人力资源考核是一项系统性很强的工程。企业通过配备大数据化的系统管理软件，在线考核、实时记录员工工作情况和展示工作成果，以及利用数据信息进行考核。这些做法可以提高考核的便捷性和效率，增强员工对考核的认同和对企业的忠诚度，同时也有助于提升考核的水平和效果。

大数据时代的来临，加快了人力资源考核信息化的脚步。然而数据信息能否被有效利用，取决于战略管理系统的体系设计。这就需要企业构建一套战略管理体系，使数据信息能够被有效利用，为人力资源考核系统服务。需要对数据进行识别、归类，并通过战略管理系统中的分析工具进行分析和重置。同时，辅助保障系统的建立，能够将分析后的数据信息按流程输送给终端使用，以确保数据的可用性。只有在全面、有序的企业战略管理框架的支撑下，数据才能真正发挥作用，为企业的发展提供有力的支持。

同时，在实施数据化人力资源考核的过程中，仍然需注意考虑数据的准确性和真实性，避免数据不真实和误传的情况发生。同时，也需要关注员工的反馈和隐私保护，确保数据的采集和分析符合法律法规要求。这需要综合考虑并平衡员工的利益和企业的管理需求，制订适合自身的企业考核模式。

二、加强对人力资源考核数据的分析

人力资源考核数据分析需要从以下三个层面考虑。

首先，基本信息分析是人力资源管理的基础，通过建立员工信息档案、考勤记录和加班记录等，可以有效管理员工的基本信息，为其他职能模块提供支持和依据。

其次，内外部信息分析是评估人力资源管理职能模块健康程度和效果的重要手段。通过对人工成本分析、薪酬福利分析、竞争性和公平性分析、绩效考核结果分析及培训需求和效果分析等，可以全面了解和评估人力资源的运作情况，帮助决策者做出相应的优化和改进措施。

最后，人力资本计量分析是一种深度核算方法，将人力资本的投入与产出进行客观评估，从而实现人力资本的增值。通过计量人力资本的价值、效益和贡献，企业能够更全面地了解人力资本对企业价值的影响，进而制订更加有效的人力资本管理策略。

以上三个层面的数据分析可以帮助企业全面评估和优化人力资源管理，实现人力资本的提高与增值，进而提升企业的竞争力和可持续发展能力。

总的来说，构建科学合理的考核体系、确定指标权重、引入群决策方法和聚类分析原理、应用模糊评判方法，以及利用大数据技术发现隐藏信息等方法，可以帮助企业在人力资源考核中更全面、更准确地分析和评估员工的绩效。

构建科学合理的考核体系需要考虑到企业的战略目标和价值观，以及员工的岗位要求和个人发展需求。通过确定各项指标的权重，可以根据企业的需求和员工的重要性，将不同指标在考核中的重要程度进行合理分配。引入群决策方法和聚类分析原理，可以从多个决策者或者数据样本中汇总意见和信息，辅助决策者进行权衡和决策。在综合分析考核数据时，模糊评判方法可以处理不确定性和主观性，将模糊的评价标准转化为数值，帮助决策者更客观地进行评估和比较。大数据技术可以通过挖掘和分析大型人力资源数据库中的数据，找到隐藏的相关信息和潜在联系。这有助于决策者更全面地了解员工的绩效和潜力，从而优化人力资源管理。

同时，在具体实施过程中，仍需综合考虑多种因素，寻找平衡点，以保证考核的公正性、准确性和合规性。

大数据时代的来临为人力资源考核带来了许多新机遇和新挑战。通过运用大数据技术和可视化数据分析工具，企业可以设计出更为科学、个性化的考核指标，更客观、更高效地评价人才，进一步提高人力资源管理的水平和效率。

第七章　基于大数据的人力资源培训实践

大数据时代，企业要在竞争激烈的市场环境中获胜，一定要拥有高素质的人才，而人力资源培训是提高员工素质必不可少的一环。从某种意义上说，一个企业对人力资源培训的重视程度，预示了其未来的竞争潜力。自人事管理阶段发展到人力资源管理阶段，企业越来越强调人力资源培训的长远意义。培训活动不仅影响员工的当前状态，还能进一步促进员工的潜力开发，特别是能够持续提升员工的个人素质、知识和技能水平。本章围绕人力资源培训概述、人力资源培训的问题、基于大数据的人力资源培训策略等内容展开研究。

第一节　人力资源培训概述

一、人力资源培训的内涵

培训是指通过一定的方式和方法，向员工传授知识、技能，以提升员工的素质和能力，使其更好地适应工作需求和未来发展。

人力资源培训是指企业为开展业务及提高员工能力而开展的培训，可以是针对不同层次和不同岗位的员工进行的，包括新员工入职培训、岗位技能培训、管理培训、职业发展培训等。培训的形式也多种多样，包括内部培训、外部培训、在线培训等。

通过人力资源培训，可以提高员工的知识水平、技能水平和职业素养，提高员工的工作效率和质量，为企业的长期发展提供有力支持。同时，培训也可以帮助员工实现自我提升和个人发展，提高员工的满意度和忠诚度。

二、人力资源培训特点

一是目的性、计划性和针对性。人力资源培训是为了实现企业目标而进行的有目的、有计划、有针对性的培训活动。它要根据企业的发展需求和员工的能力缺口，制订培训计划，明确培训目标，确保培训的有效性和效果。

二是投资与回报。人力资源培训是企业对人力资本的投资行为。企业投入培训的成本包括培训师的费用、培训设备的投资及员工的时间成本等。同时，培训也可以带来回报，例如，提高员工绩效、促进企业发展、提升竞争力等。

三是智力资本的创造性。人力资源培训是创造智力资本的基本途径之一。培训可以提升员工的专业知识、技能水平，培养高级技能和创造力，从而提高员工的智力资本。这种智力资本包括员工的专业能力、创造力和学习能力等，是企业获得智力资本竞争优势的重要手段。

四是持续学习。人力资源培训是一个持续学习的过程。通过培训，员工不断学习新知识、新技能，并将其运用于实践中，提高产品和服务质量。同时，人力资源培训也是构建学习型企业的基础，鼓励员工不断学习、适应变化，并将所学运用于工作中。学习型企业能够迅速适应市场环境变化，保持竞争力。

三、人力资源培训的原则

（一）战略性原则

战略性原则是人力资源培训的基本原则之一。在组织人力资源培训时，企业需要从发展战略出发来思考相关问题。这意味着人力资源培训应与企业的发展目标和战略相一致，将培训作为实现企业战略目标的重要组成部分。

具体来说，企业在制订人力资源培训计划时，需要明确培训的目的和目标，确保培训的方向与企业的发展方向一致。例如，如果企业的战略是扩大市场份额并提高产品质量，那么人力资源培训应着重于销售技能培训和质量管理知识的提升。

（二）长期性原则

人力资源培训不是一次性的活动，而是一个长期的过程。在企业投入大量资源进行培训时，不可急功近利，而应正确认识智力投资和人才开发的长期性和持续性。因为，人力资源培训的效果往往不是立竿见影的，而是需要一定时间才能在员工的工作表现和企业的经济效益中体现出来。特别是对管理人员和员工观念的培训，往往需要更长的时间。

因此，企业在进行人力资源培训时应目光长远。这需要企业在制订培训计划时明确培训目标，并制订相应的培训周期和持续性培训计划。同时，企业还应通过有效的评估和反馈机制来监测培训效果，并根据情况进行调整和改进。

坚持人力资源培训的长期性能够使企业的人才储备和绩效提升得到持续的支持，使员工的能力和技能得到不断提升，提高企业的竞争力和创新能力，从而实现企业的长期发展目标。

（三）按需培训原则

按需培训原则是指根据员工的工作性质、任务和特点，针对不同的培训对象，进行个性化的培训，满足其所需的能力和技能。

不同员工从事的工作不同，所创造的绩效也不同，因此他们所需要具备的能力和知识也不同。按需培训原则能够确保培训的针对性和有效性，避免培训资源浪费。

在进行按需培训时，企业可以通过以下几点进行规划和实施。

识别培训需求。通过与员工和部门的沟通，了解他们的工作内容、职责和需要改进的地方，确定培训的重点和关键领域。

制订个性化培训计划。针对每个员工的需求，制订个性化的培训计划，包括培训内容、方式和时间安排。

提供灵活多样的培训方式。根据员工的工作性质和需求，提供多样化的培训方式，包括线上培训、面对面培训、工作坊培训等，以适应员工的学习特点和时间安排。

定期评估和调整。定期评估培训效果，根据实际情况进行调整和改进。及时倾听员工的反馈和培训需求，保持培训计划的灵活性和适应性。

按需培训原则能够最大限度地增强培训效果，使员工的能力和技能得到有效提升，进而提高企业的绩效和竞争力。同时，这也能够增强员工的工作满意度和归属感，促进员工的个人发展和职业成长。

（四）实践培训原则

实践培训原则是指在培训过程中注重实际操作和实践训练，以加强培训内容的实用性和培养员工的实操能力。其重点是将理论知识与实践相结合，通过实践来巩固、加深并应用所学的知识和技能。以下是实践培训的一些原则和方法。

创造实践条件。在培训过程中，创造适宜的实践环境和条件，例如提供实际操作的机会、模拟场景和案例分析等，以便培训对象能够亲身参与。

实践操作机会。在课堂教学中，提供实践操作的机会，让员工通过实际操作来巩固和运用所学的知识和技能，这可以通过小组活动、实际问题解决、角色扮演等方式实现。

跟踪指导。在实践过程中，及时进行跟踪指导和反馈，帮助员工发现问题、解决问题，并及时纠正错误。

知行合一。强调知识的应用和行动的能力，让员工将培训所学的知识和技能运用到实际工作中去，这是实践培训的最终目的。

实践培训原则能够增强培训的实用性和针对性，使员工能够真正掌握并运用所学的知识和技能。通过实践培训，员工可以更好地理解和运用培训内容，提高工作效率和质量，并为企业创造更多的价值。

人力资源培训的原则还有很多，如多样性培训原则、反馈与强化培训效果原则等，在此不再展开。

四、人力资源培训的类型

在工作岗位上提供的培训常常被认为是适用于当时的工作的，这样的培训节约了外部培训的费用，通常以师带徒的形式进行，也节约了聘请外部培训师的费用，这种培训通过内部员工之间的相互影响进行。员工大多是通过向其他员工学习的非正式途径来适应工作的，这主要有以下几种原因：一是由于员工大都是以团队形式与其他员工共同完成工作，他们之间互相沟通、互相帮助、分享信息；二是他们之间的技能和能力可以互相补充，互相学习；三是在团队中常常会产生非正式组织的学习，而这样的学习目的性和专业性都极强。

企业内部培训常用如下几种培训形式：员工技能轮训、强化培训、管理工作知识培训、领导能力提升培训。

（一）员工技能轮训

员工技能轮训即对企业内部所有员工开展的分阶段集中学习。轮训时培训内容固定，企业员工分期分批参加。组织者在组织此类培训活动时，一要将讲师所讲内容严格规定，便于从整体上提高企业员工素质；二要有专人进行管理；三要时间固定；四要有财务保证。此方式适合于企业内的企业员工素质不太高、迫切需要提升员工的工作质量时采用。这是一种提高员工整体素质较有效的方式，尤其是在较大的企业里，采用此方式培训效果显著。员工轮训的缺点是会对员工生产安排有一定影响，员工多，培训场地也是问题，需要组织者提前做好准备，如果企业有自己的培训基地，对员工进行集中封闭式培训，则效果更佳。

（二）强化培训

强化培训是一种针对性很强的培训，主要用于技能性培训方面，尤其在需要员工短期内掌握某种技术时采用，如企业引进生产线或技术，要求员工在尽可能短的时间内掌握生产或技术时。顾名思义，强化培训带有突击性、强化性的特点，集中在有限的时间里必须达到一定的效果。此类培训的内容不要过多，一个内容分成一个专题，要求员工在短时间内掌握，对所培训内容要求讲师或组织者事先设计好。

（三）管理工作知识培训

管理工作知识培训是为了储备企业干部。企业在发展进程中通过内部晋升渠道，有的员工会从普通岗位走上管理岗位，但管理知识匮乏，很难胜任工作，此时进行管理知识培训尤为重要。

（四）领导能力提升培训

领导能力的提升培训是针对企业中高层管理人员的专项培训，旨在提高他们的领导能力和管理水平。主要包括以下内容。

领导力理论学习：通过学习领导力的理论知识，如领导风格、领导行为、领导角色等，帮助管理人员了解不同的领导方法和技巧。

战略规划和决策能力培养：培训管理人员制订战略规划和做出决策的能力，包括掌握市场分析、竞争策略、资源配置等方面的知识和技能。

沟通和团队建设：培养管理人员的沟通能力和团队建设能力，包括有效沟通技巧、协调团队合作、激发员工潜力等。

变革管理和创新能力培养：培训管理人员应对企业变革和创新的能力，包括变革管理的原则和方法、创新思维培养等方面的内容。

适应复杂环境的能力提升：培训管理人员应对复杂环境和不确定性的能力，包括领导力的灵活性、危机管理和冲突解决等方面的内容。

领导实践和案例分析：通过领导实践和案例分析，帮助管理人员将所学知识和技能运用到实际工作中，提升领导能力的实践经验。

领导能力提升培训的目标是提高管理人员的领导力和管理水平，使他们能够更好地应对企业发展和管理面临的挑战，推动企业实现可持续发展。

五、人力资源培训的步骤

一个完整的培训系统，其运作过程通常分为五个阶段：分析培训需求、设置培训目标、拟订培训计划、实施培训计划和评估培训效果。

（一）分析培训需求

分析培训需求，主要是指选择合适的培训内容和方式，提升员工的能力和绩效，推动企业的发展和竞争力。为了确定企业的培训需求，可以从以下几方面着手。

确定企业的战略目标和需求。了解企业的战略目标和发展方向，明确企业需要在哪些方面进行培训以提升员工的知识和技能。

进行员工能力评估。对企业中的员工进行能力评估，了解他们的现有能力和培训需求。可以通过员工自评、360 度评估等方法进行评估。

收集反馈需求和意见。开展员工满意度调查、定期组织员工会议等，与员工沟通和交流，听取他们的培训需求和意见，了解他们对培训的需求。

分析企业的业务和工作流程。了解企业的具体业务和工作流程，在提供培训时注重与实际工作相结合，有针对性地提供培训内容，使培训能够解决实际问题并提高员工的绩效。

考虑行业发展趋势和技术变化。关注所在行业的发展趋势和技术变化，通过了解行业的最新发展，确定需要进行的相关培训，以保证员工的职业竞争力。

制订培训计划。根据以上分析结果，制订企业的培训计划，明确培训目标、内容、方式和时间，并制订相应的预算和资源管理计划。

（二）设置培训目标

培训目标的设置应该确保与企业、员工的需求相匹配，为培训的设计和执行提供明确方向，增强培训效果和成效。在设置培训目标时，可以从以下几方面着手。

企业的发展需求。根据企业的战略目标和发展方向，确定培训目标是为了满足企业在人才方面的需求，提升员工的能力和绩效，促进企业的发展，提高企业竞争力。

员工的个人发展需求。了解员工的职业规划和个人发展目标，确定培训目标是为了满足员工个人提升的需求，帮助他们获得新知识和新技能，提升职业竞争力。

工作需求。根据企业的业务和工作流程，确定培训目标是为了提升员工在实际工作中的能力和技能，使其能够更好地应对工作挑战。

行业发展需求。考虑所在行业的发展趋势和技术变化，确定培训目标是为了跟上行业的发展步伐，提升员工的专业素质和适应能力。

培训评估需求。设置培训目标时要考虑到培训结果的可测评性，目标必须是具体、可衡量的，能够通过培训效果评估方法进行评估。

通过考虑以上因素，可以为培训目标的设置提供指导，确保培训目标与企业和员工的需求相匹配，为培训的设计和执行提供明确的方向，提高培训的效果。

（三）拟订培训计划

拟订培训计划是培训目标的具体化，即根据既定目标，具体确定培训项目的形式、学制、课程设置方案、课程大纲、参考教材、培训教师、培训方法、考核方式等一系列细节问题。要想制订正确的培训计划，必须兼顾具体的情景因素，如行业类型、企业规模与效益、培训对象的现有水平、国家的政策法规等，而最关键的因素是企业领导的管理价值观与对培训重要性的认识。

培训计划是对培训工作的具体安排，也可以视为培训战略在培训中的具体体现。制订培训计划要以企业的经营计划、人力规划、培训任务等为依据。企业在培训计划中要列明：培训项目、培训目标、培训对象、培训负责人、培训内容、培训进度、培训费用预算和培训的后勤保障等内容，以指导培训。

（四）实施培训计划

培训活动的具体组织者与企业的规模和结构关系很大。大型企业往往设置专门的教育与培训职能机构及人员，有的还建立了专门的培训中心或学校乃至职工大学，配有专职教师与教学行政管理干部；有的经常邀请本公司主管兼课，有的还经常邀请有经验的优秀员工现身说法。现在，越来越多的企业通过与校企合作进行培训。

（五）评估培训效果

培训评估主要分为五个步骤：确定标准、学员测试、培训控制、针对标准评价培训结果和培训结果的转移。

1. 确定标准

标准和目标是息息相关的，只有确立了培训目标才能确立培训标准。标准又是为目标服务的，有了标准才能使目标具体化。确定培训标准的原则要以培训目标为基础，同时要与培训计划相匹配，更要有可操作性。

2. 学员测试

学员测试是指让学员在培训之前先进行一次相关测试，了解原有水平，包括知识、技能和态度。

3. 培训控制

在培训过程中，不断根据目标、标准和学员特点，纠正培训方法。它是与培训实施紧密联系在一起的。

4. 针对标准评价培训结果

通常是在培训结束后由培训对象填写培训评价表，所以，一份好的培训评价表是相当关键的。

5. 评价结果的转移

一次好的培训，就是要将培训中所学到的东西真正运用到工作实践中去，即工作效率的提高。因此，正确评价结果的转移是衡量一次培训是否有效的最重要因素之一。

六、人力资源培训的意义

企业人力资源培训的重要意义主要集中体现在以下四个方面。

（一）建设优秀的企业文化

建设优秀的企业文化是培训和发展计划的重要目标之一。培训和发展计划可以帮助传达和强化企业的价值观，并将企业领导者的愿景融入每个员工的心中。以下是通过培训和发展计划来建设优秀企业文化的几个途径。

传递企业价值观。培训和发展计划可以传递企业的价值观和行为准则。员工参与培训，了解企业的价值观，同时培养和践行这些价值观，从而形成一个共同认可的企业文化。

领导者的示范作用。企业领导者在培训和发展计划中具有重要的示范作用。他们可以通过讲话、案例分享、互动交流等方式，向员工传递企业的愿景和期望，激励员工追求个人和企业的成长，进而塑造企业文化。

促进员工交流与沟通。培训和发展计划为员工提供了交流和沟通平台。通过培训活动中的互动和团队合作，员工可以彼此分享经验和知识，增进相互之间的理解和信任，从而促进企业文化的建设。

激发员工的自我发展意识。培训和发展计划可以激发员工的自我发展意识，使其主动参与学习和成长。员工在培训中意识到自我提升的重要性，通过不断提升自己的技能和知识，积极适应变化，从而推动企业文化的不断发展。

（二）塑造良好的企业形象

人力资源培训和发展计划不仅有助于企业内部建设优秀的企业文化，还可以使企业在外部塑造良好的企业形象。科学系统的培训和发展计划确实可以赢得社会公众的认可和信任，进而塑造出成熟、稳健和不断进取的企业形象。

首先，企业可以通过人力资源培训和发展计划，向员工提供专业技能培训，帮助他们不断提升自己的能力和知识水平。这不仅有助于员工个人长期的职业发展，还能展示企业对员工发展的重视，能够吸引优秀人才的加入，并让外界对企业的人才培养能力有所认识，进而塑造出专业、能力强大、有吸引力的企业形象。

其次，人力资源培训和发展计划也可以在员工福利方面发挥作用。提供培训和发展机会表明企业愿意为员工提供持续学习和成长的机会，并关注员工的职业发展和个人成长。这种关怀员工的态度可以增强企业的声誉，塑造出关爱员工的企业形象。

最后，企业可以通过人力资源培训和发展计划与社会责任活动相结合，积极回馈社会。参与公益项目、社区服务等活动不仅能够提升企业的社会声誉，也可以表达企业对社会的关注和贡献，从而塑造出积极、负责任的企业形象。

（三）使企业员工不断适应社会环境的变化

培训对员工适应新技术革命、提升知识技能、增强适应能力，以及提高绩效和竞争力具有重要作用。企业应该重视培训，为员工提供适时、有效的培训机会，帮助他们不断提升自己、适应变化，并不断提高企业的竞争力。

有效的培训可以帮助员工获取新知识和新技能，使他们能够为企业创造更多的价值。培训可以涵盖各个方面，包括企业和部门的组织结构、经营目标、策略、制度、程序、工作技术和标准等，帮助员工了解和掌握所需的新知识和新技能。同时，可以提升员工的适应能力，使其能够更好地应对变化和挑战。培训可以帮助员工培养适应新技术和新变化的能力，提高应变能力和创新思维能力，使其能够在快速变化的环境中保持竞争力，在工作中得到更好的发展和成长。

（四）实现企业发展与个人职业生涯规划的有效结合

1. 使员工找到位置

培训可使新员工在企业中找到恰当的位置，使个人职业生涯发展目标与企业发展目标一致。

第一，培训能使新员工对企业使命、目标任务和文化价值理念有深刻的体会，能培养新员工对企业的认同感、归属感。

第二，培训能使新员工了解工作岗位的要求，通过提高职业素养、专业技术水平和工作能力，达到人职匹配。

第三，培训能提高新员工与老员工合作的团队意识，获得更加高昂的士气。工作团队的兴起增加了对培训的需求，工作团队内的成员可进行交叉培训（互换工作），从而增强团队意识。

第四，培训能提高人岗合适度，既能满足员工的自尊、自我实现的需要，增加员工个人的人力资本价值，又能充分调动员工的工作积极性、主动性和创造性，通过培训改进员工工作行为和激发员工潜能，为企业带来实际效益和未来的增值效益。

2. 培训是一种战略性投资

员工培训是企业风险最小、收益最大的战略性投资，能使其人力资本存量不断增加，提高使用效益。

美国著名经济学家加里·斯坦利·贝克尔（Gary Stanley Becker）认为，培训会降低现期收益，并提高现期支出，但是，如果它可以大幅度提高未来的收益，或者大幅度降低未来的支出，企业就将乐于提供这种培训。在他看来，工人在生产过程中学习新技术，能增加工人身上人力资本的存量。如果再加上培训，就会使人力资本存量继续增加，从而提高劳动效率。目前，人力资源管理理论家与实践家一致认为，培训教育是一种投资，高质量的培训是一种投资回报率很高的投资。摩托罗拉培训部的一位主管曾说过：我们有案可查，由于培训员工掌握了统计过程控制法和解决问题的方法，我们节约了资金；我们的（培训）收益大约是所需投资的 30 倍——这就是为什么我们会得到高层经理大力支持的原因。

3. 培训具有一定的激励作用

当员工接受一项合适的培训时，他们就会有一种被承认和受重视的感觉；受训后的员工会感激企业为他们提供个人成长、发展机会；就会将"要我做"转化为"我要做"，也就会更加主动运用和发挥所学知识并施展其创造力，为企业做出更大的贡献。

4. 培训可以有效解决企业人才瓶颈

培训能解决因为教育资源的限制和教育体制的缺陷或外部招聘失败带来的企

业人才瓶颈问题，依靠内部培训或者说内部培养也能获得优秀员工。此外，培训能消除"员工的无力"现象。

5.成功的培训可以减少企业员工的流失率

员工知识技能的提高，可有效地减少工作压力并增加工作乐趣，减少员工的流动率和流失率，既有助于强化员工的敬业精神和对企业的忠诚度，也有助于降低劳动管理成本。

6.培训是极为有效地促进观念更新的手段

在企业准备变革时，通过培训改善员工的态度、知识和技能，有利于营造良好的改革氛围，获得广大员工的理解和支持，从而培养员工积极的态度、卓越的技能和广博的知识，更为重要的是培养他们的开拓创新意识，使企业与员工一道共同应对社会环境与市场环境的快速变化，在激烈的竞争中立于不败之地，永葆活力。

总之，企业可以通过培训提高员工的工作能力、知识水平，充分挖掘其潜能，最大限度地促进员工的个人素质与工作需求相一致，从而达到提高工作绩效的目的。

第二节　人力资源培训的问题

一、人力资源培训不规范

（一）无培训计划

培训的时间安排随意性很大，没有专门的培训管理制度，缺乏相应的培训规范和培训指导教材，甚至连培训讲师也是临时选择的。一旦遇到企业的其他活动，首先让路的就是培训。

（二）培训方法单一

企业培训还是采用最简单的课堂式教学，搞单纯的理论灌输。究其原因是培训组织者缺乏培训的专业知识，对培训的内容知之甚少。同时很多培训师习惯于单纯的理论讲授，还没有熟练掌握现代教学手段和教学方法，培训与实际脱节，培训效率低下。

（三）培训制度不完善

培训工作要点及新员工指导方法、培训训练方法、培训过程管理制度、培训手册和教材，以及培训考核方法和跟踪评价等制度往往被忽视，没有规范的制度就没有规范的培训。

（四）培训项目和内容脱离实际

培训项目和内容是培训计划中必须明确的问题。很多企业在确定培训项目和内容的时候不是依据企业的实际需要和员工需要，而是凭感觉，照搬其他企业的培训项目。对培训讲师的授课内容也缺乏必要的检查，很多企业在请培训师之前都没有与培训师有过基本的沟通，盲目追求社会性培训热点。

鉴于培训成本比较高，企业的培训活动必须经过精心的设计与组织实施，并将其视为一项系统工程，也就是采用一种系统的方法，使培训符合企业目标，让其中的每个环节都能实现员工及企业两方的优化和共赢。

二、人力资源培训功利性太强

通常来讲，培训计划是临时敲定的，培训的随意性很大。且这种临时性培训主要是由于公司在管理上出现了较大问题的情况下临时安排的。有的人甚至认为，企业的目的就是赚钱，花钱培训完全没有必要；还有的人认为，现在高校每年都有很多毕业生，人才市场供过于求，用人单位完全可以到人才市场招聘，投资培训实属浪费，即使组织培训也不愿意多投入资金，尽可能地削减培训费用。

三、人力资源培训效果难以评估

对培训效果开展评估，能客观反映培训工作的实际组织管理情况，这也是培训价值的直接体现。从目前大多数企业的培训体系来看，往往重视培训的组织实施，无法保证有限的培训投入能够产生较为理想的培训效果，所以尽快建立和完善培训体系，在制度、机构、人员、经费、课程、教材、设施和运作机制等方面规范化制度化是企业人力资源培训的当务之急。

第三节　基于大数据的人力资源培训策略

一、大数据在人力资源培训中的应用

在人才的选育用留环节中，依托大数据技术，可以实现科学管理所要求的可测量、可记录、可分析、可改善，从而大幅提升人力资源管理决策的准确性。在大数据的支持下，人力资源管理部门在人才甄选、培训开发、高效激励等领域的作用和影响力越来越大，人力资源部门开始有更多机会成为业务部门不可或缺的合作伙伴，同时对企业战略实现的支撑作用愈加明显。

（一）岗前培训

求职者与企业签订劳动合同之后，企业一般都要进行岗前培训。与以往聘请专业人士过来培训不同，现在可以运用大数据进行培训。

在培训之前，企业人力资源部门应对刚入职员工进行信息收集，以了解每个员工的思想状况、知识技能、职业生涯、成长经历、特长优势、身体状况等。在培训过程中，要记录员工的各种表现。培训结束后，要测量员工的各项指标，如新技能的掌握程度、新环境的适应程度、与其他员工关系的融洽程度等，此为第一次测评。员工试用期结束后，还要继续收集数据，为此后的科学管理做准备。

（二）在职培训

在职培训是指员工在工作过程中得到的培训。如果某个团队的业绩指标出现下降，人力资源部门就可以针对这个问题进行数据收集、整理与分析，深入挖掘根源数据，确定问题根源是专业技术知识的缺乏，还是团队士气的不足，从而确定这个团队的培训计划。

企业可以按照不同情况制订不同的部门培训计划、一般人员培训计划、选送进修计划等。利用大数据培训平台，企业可以在培训前对每位员工的个人需求进行收集，如专业技能的欠缺、心理健康问题、人际关系处理问题或者其他专业需求。这样一来，公司便可以有针对性地提供培训，而不是传统的"一刀切式""墨守成规式""生搬硬套式""教材单一式"培训，企业按照员工的个人需求为每位员工提供具体的培训课程，还可以根据员工的反馈进行专业化培训，这就实现了培训的个性化、智能化。由此，人力资源管理部门就能对员工的培训做到精准定位、游刃有余。

当然，企业对于员工信息的收集不再是问卷测评。企业可以开发内部培训系统，员工可以通过系统向人力资源部表达自己的培训需求。对于拥有成千上万名员工的大企业来说，若每个员工都提出自己的需求，企业人力资源部可能无法应对，但是用大数据"武装"起来后可以解决这一难题。员工通过自己的系统将需求提交上去，企业的终端系统可以接收并处理这些数据，进行分类，并且有针对性地发到员工的端口，这可以使每位员工根据自己的需求得到符合自己需要的培训内容。企业可以通过系统终端了解每位员工的学习行为、培训模式、学习进度。

通过运用大数据技术，培训过程中的各种数据都会自动被云平台收集并得到及时处理，如员工的出勤次数、加班时间、本部门之内或与其他部门之间的协作次数、沟通交流的频次、近期培训业绩、培训需求，甚至包括员工经常登录的网站、论坛上的发言、评论等，这些源数据较为全面地反映了员工的工作状态、交往对象、社会关系、工作态度、能力情况、兴趣爱好、发展潜力等。人力资源部门通过掌握这些全面而完整的数据，加深了对员工的了解，有利于对员工进行综合评价，实现精准的人岗匹配，也为准确把握员工培训需求、全面衡量员工绩效水平、综合评判员工发展潜能、合理规划员工职业发展等提供了全面有效的数据支撑。一方面，企业对员工的了解从"冰山一角"深入到"海平面"以下，可以为员工提供量身定制的企业人事服务；另一方面，员工也会因为自己的深层次需求得到满足，工作绩效得到充分认可等，提高对企业的尊重和信任，企业对员工的影响力达到空前的程度。

每次培训结束后，员工都可以将反馈信息发给系统终端，以便让企业了解员工对此次培训的满意度。依靠这些信息，企业可以不断改进和更新系统。这样循环往复，有助于完善培训系统，使其成为联系员工与企业的纽带。

国内外已经出现了大型开放式的网络培训平台，即MOOC（Massive Open Online Course），它与传统的培训模式不同，是免费的，可以进行团队学习。一些网络在线培训不仅能够用来学习知识，而且能够用来进行学习成效的测评，之后自行反馈。它还可以有针对性地提供课程服务，提高员工对培训的积极性。

美国孟加拉裔教育工作者萨尔曼·可汗（Salman Khan）在网上创办了一所可汗学院（Khan Academy），建立了大数据云平台，上传了生物、数学、历史、物理、化学、金融等免费培训课程。这些课程不仅使美国本土公民大大受益，而且基于全球化信息共享的特点，其他国家的人也可以免费享受课程内容。萨尔曼的这一成功事例归功于大数据所承载的技术化、规模化及不受时空限制这些特点。当今世界上的很多人，只要与网络互联，就可以无国界、无差异地学习适合自己需要的课程。大数据真正实现了有教无类，任何一个人，不论在世界什么地方，都可以享受到全世界最好的教师教学，从而增强自己的职业技能。

（三）晋升培训

大数据培训平台，能够做出链接"云"的智能化管理服务系统。参加培训当事人的学习情况、答题情况、学习模式都可以被追踪查询。因此，谁学得好、成绩好，可以作为晋升的参考。北京有些机关单位将大数据平台作为人才晋升的储备池，从平台中选拔可以走上管理或领导岗位的人才。例如，有的培训是提升沟通协调能力的，一边学习，一边参加小型行动学习项目。学习结束后，评价记录这个人的学习成绩。过关后，进入人才备选池。

二、大数据人力资源培训的改进策略

首先，在招聘人力资源大数据管理者时，要对其专业技能进行专门测试，严格筛选，确保进入企业的人具备合格的专业技能。同时，企业内部的人力资源管理者要提升自己的数据意识，增强自己的数据分析能力，在企业内部形成包括数据挖掘工程师、心理专家和人力资源管理者在内的数据分析专家组，专业、系统地对收集到的数据进行处理，防止数据信息的泄露。人力资源管理部门的员工在日常管理与培训中也应该注意积累和整理数据，提高数据处理能力，在平时注重提高自己的数学能力，与时俱进，注重知识结构的更新，培养数据化意识，认真测评现有的数据资源分析能力，尝试先从企业内部某个领域开始运用数据，尤其是要从能为企业提供最高价值的领域开始，从点到面，逐步建设自己的数据库系统。

其次，抛弃传统的人力资源培训模型，开展与专业大数据公司的合作。在传统人力资源培训开发项目中，员工培训需求的精准分析和培训效果的有效保障往往是人力资源培训的软肋。与专业大数据公司合作，运用大数据分析技术，能够对员工的海量数据进行收集和系统分析，对每个员工的学习需求、学习行为、学习模式及学习效果进行分类，员工人手一本符合自己需求的教材，培训教师可以随时查阅员工的学习进度、学习效果，这样可以帮助教师制订正确的培训方案。借助大数据，人力资源的培训过程将更智能，也更关注个性化。在一个基于大数据理念的员工培训开发体系中，按照不同层级建立不同的员工素质模型，并通过专项培训、日常评估、业绩考核等多种方式对员工的表现进行记录、统计、分析，从而为每个人量身定制出个性化的发展路线。

最后，可以加强与高等院校之间的联系。邀请专业的数据分析师需要花费很多，为节省资金，最有效的方式就是和高校合作。高校的专业师生具备丰厚的知识储备和技能，熟悉数据收集与统计、软件运用的方法，企业可以邀请高校师生帮助。这样，学生不但可以进入企业，获得实践机会，而且毕业后也可以进入企业从事大数据工作。无疑，这是一个"双赢"的策略。

参 考 文 献

［1］贝克尔．人力资本［M］．梁小民，译．北京：北京大学出版社，1987.

［2］陶建宏．人力资源管理理论与实务［M］．北京：中国经济出版社，2016.

［3］左停，旷宗仁，高晓．中国农业科技人力资源研究［M］．北京：中国科学技术出版社，2016.

［4］何学菊．现代人力资源管理实务［M］．北京：北京交通大学出版社，2015.

［5］王林雪．新编人力资源管理概论［M］．西安：西安电子科技大学出版社，2016.

［6］姚裕群．人力资源管理概论［M］．沈阳：东北财经大学出版社，2017.

［7］刘泓汐，程娇，马丹．人力资源与企业管理研究［M］．长春：吉林人民出版社，2017.

［8］施杨，段新冉．人力资源管理：理论与实务［M］．沈阳：东北财经大学出版社，2017.

［9］陈葆华，任广新，张建国．现代人力资源管理［M］．北京：北京理工大学出版社，2017.

［10］张健东．人力资源管理理论与实务［M］．北京：中国纺织出版社，2018.

［11］陈昭清．现代企业人力资源管理研究［M］．北京：中国商务出版社，2019.

［12］周艳丽，谢启，丁功慈．企业管理与人力资源战略研究［M］．长春：吉林人民出版社，2019.

［13］王文军．人力资源培训与开发［M］．长春：吉林科学技术出版社，2020.

［14］温晶媛，李娟，周苑．人力资源管理及企业创新研究［M］．长春：吉林

人民出版社，2020.

[15] 黄建春，罗正亚. 人力资源管理概论［M］. 重庆：重庆大学出版社，
2020.

[16] 刘晓. 非营利组织人力资源激励机制的研究［J］. 山东教育学院学报，
2009，24（06）：99-101.

[17] 彭剑锋. 从二十个关键词全方位看人力资源发展大势［J］. 中国人力资
源开发，2015（02）：6-11

[18] 王兴波. 浅析战略企业发展中人力资源管理的重要性［J］. 中外企业家，
2018（04）：50.

[19] 马赫. 大数据时代人力资源管理创新模式研究［J］. 财经界，2019（17）：
173.

[20] 钱长政. HR 三支柱模型在国有企业中的应用研究［J］. 中国产经，2020
（04）：139-140.

[21] 秦蕊蕊. 大数据技术在人力资源领域的应用策略［J］. 中国高新科技，
2022（20）：101-103.

[22] 张晓燕. 大数据背景下人力资源管理的作用、限制与提升路径［J］. 北
京财贸职业学院学报，2022，38（04）：54-57.

[23] 李砚. 大数据时代企业人力资源管理模式探究［J］. 中国新通信，
2022，24（19）：89-91.

[24] 马瑞莲. 基于大数据时代人力资源管理变革的分析［J］. 现代商业，
2022（25）：137-139.

[25] 巨星. 关于大数据时代企业人力资源管理变革的思考［J］. 国际公关，
2022（16）：107-109.